JN186446

なぜ「日本人がブランド価値」なのか

世界の人々が日本に憧れる本当の理由

呉 善花
Oh Sonfa

光明思想社

はじめに

日本ブームが世界的な広がりを見せています。なかでも日本のポップカルチャーは大人気です。もはや「カワイイ」は世界語となり、さまざまな物事について世界各地で使われるようになっています。日本人に特有と思われていた「カワイイ」という感じ方が、これまでにない新鮮な感じ方として、よく考えてみれば自分の内部にもあったものではないかと、そんな気づきの感覚で受け入れられているのでしょう。

ファッションでは、原宿で見られるような日本発の「ゴスロリ」ファッションが、世界の若者たちを強く魅了しています。「ゴスロリ」はゴシックとロリータの合成語。ゴシックは暗い色調の禁欲的なロマンチシズム、ロリータは少女のあどけない小悪魔的な美しさ・かわいらしさ、といったところでしょうか。二つのまるで異なる要素が結合したファッションスタイルです。

もともと日本には、対照的な要素が融合した文化がたくさんあります。大和心(やまとごころ)と漢心(からごころ)からなる和魂漢才(わこんかんさい)、「もののあわれ」と「いさぎよさ」からなる散華(さんげ)の美学、北斎『富嶽三十六景』などの遠景と近景を重ねる極端な構図による表現法、豊穣な美と「わびさび(不足の美)」の調和からなる「奇麗さび」(小堀遠州)、そして和洋折衷の建築物など……。

外国人が関心を寄せる日本文化は、もちろんポップカルチャーだけではありません。日本伝統の美術、とくに江戸時代の浮世絵をはじめとする絵画の人気も年々高まっています。浮世絵は、今から一五〇年ほど前にも、ヨーロッパの芸術家に大きな衝撃を与えました。

ヨーロッパ人が初めて浮世絵を見たときの驚きは、いったいどのようなものだったでしょうか。一九世紀フランスの小説家・美術評論家のエドモン・ド・ゴンクールは、その時の体験を日記(一八六一年六月八日)に次のように記しています(小山ブリジット氏の紹介による)。

「先日私は、ポルト・シノワーズ［パリの東洋美術工芸品を扱う店］で、羊毛のような弾力と柔らかさの、まるで布のような紙に印刷された日本のデッサンを買った。これほど驚異的で、奇抜で、これほど詩的な、称賛すべき芸術品を私は今まで見たことがなかった。羽毛の色のような繊細な色調、琺瑯（ほうろう）のような輝く色調なのである。夢から醒めたばかりといった風情の女たち、顔、装い、姿勢……」(小山ブリジット著／高頭麻子・三宅京子訳『夢見た日本――エドモン・ド・ゴンクールと林忠正』平凡社)

ゴンクールはこれに続けて、ドイツルネサンス期に活躍したドイツ美術史上最も偉大といわれる画家「アルブレヒト・デューラーにも勝る特徴を備えた、魅力あふれる素朴さ」と絶賛しています。ここにあるのは「どこの国にも見られない不思議な魅力に溢れた美」に初めて触れた、新鮮な驚きです。現在の日本ブームは、同様の驚きが「大衆的な規模で起きている事態」だといえましょう。

江戸期日本絵画から多大な影響を受けたと自ら語っているゴッホは、画商の弟テオへの手紙のなかで、江戸期日本の浮世絵作家や日本の芸術について記しながら、次のように語りかけています。

「いいかね、彼らみずからが花のように、自然の中に生きていくこんな素朴な日本人たちがわれわれに教えるものこそ、真の宗教とも言えるものではないだろうか。日本の芸術を研究すれば、誰でももっと陽気にもっと幸福にならずにはいられないはずだ。われわれは因習的な世界で教育を受け仕事をしているけれども、もっと自然に帰らなければいけないのだ」(硲伊之助訳『ゴッホの手紙・中』岩波文庫)

現代日本の劇画やアニメは、明らかに室町期の「鳥獣戯画(ちょうじゅうぎが)」、そして江戸期の浮世絵の伝統を引いています。現在、ゴッホと同じように日本の作品に触れて、自然と小さな生命(アニマ)への慈しみの心が、多くの諸国の人々から湧き起こっているように思えます。

はじめに

和食は世界無形文化遺産に登録されましたが、日本発の「旨味」は、甘味、酸味、塩味、苦味に加えた基本味の一つとなっています。健康的で洗練された日本食、そして日本人の細やかで丁寧なサービス、優しく親切な心づかい、律儀さ、礼儀正しさ……世界の人々が注目するところです。

日本をキーステーションとする世界的な文化イノベーションが巻き起こりはじめている——私にはそう感じられてなりません。本書では、近年いよいよ本格化し出してきたこの「事態」の検討を入り口とし、日本人の美意識や日韓文化比較を通して日本文化の重要ポイントを探り、出口としてこの「事態」の核心に触れていきたいと思います。

呉 善花

なぜ「日本人がブランド価値」なのか

――世界の人々が日本に憧れる本当の理由

目次

はじめに
第1章　なぜ今「ニッポン」が世界的なテーマなのか
「日本人」が世界ブランドになっている　2
「日本人はとてもいい匂いがする」　6
「日本はお伽の国のようだ」　8
第二次ジャポニスムの現在　12
世界は「日本で何が起きているか」を知りたがっている　16
真似ることは学ぶことである　19
歴史の底に流れる「原始芸術の根源的精神」　23
室町時代の美術と南宋文化　29
儒教・道教・仏教と芸術　33
非イデオロギー国家日本　36
日本を形づくる三つの精神層　40

世界的なテーマとしての「ニッポン」 43

第2章　慈しみの美意識

桜――散るを惜しむ心といさぎよさ 48
世阿弥の「花の珍しさ」 53
生け花――神を降ろす草木の美学 56
庭――見立ての妙 61
日本が「恥の文化」ではないわけ 65
正しい生き方と美しい生き方 69
露骨・むき出し・あからさまを戒める心 72
「もののあはれ」と物語 74
未熟な生命への深い愛情 79
「哀しき」という「いとおしさ」の情 83
萎れた花が落ちている庭の興趣 85

自然と人間を同じに考えた時代の記憶　88

第3章　日本語が保存する原初の心

言葉の生命と言葉の心　94
海と生むと母　97
「美しい」の心とは？　101
「ありがとう」「ごめんなさい」　105
お陰さま　108
外国語には「思う」がない　113
主語を立てない日本語の特徴　116
日本の高文脈文化と諸国の低文脈文化　121
日本語の「意味」と西洋語の「意味」は違う　124
強固な受け身志向　127
「自発」の尊重　132

第4章　韓国人の日本観から見えてくるもの

情緒教育としての反日教育　138
侮日観を植え付ける反日教育　141
誰もが楽しく過ごせる来日一年目の日本　145
来日二、三年目にぶつかる壁　147
「反日」という「バカの壁」　150
日本には八百万の悪魔がいる　154
世界の人々が理想とする社会が日本にはある　157
理解しがたい習慣・文化・価値観の違い　160
食事など目に見える生活習慣の違い　162
韓国人と違う日本人の距離の置き方　166
あなたの物と私の物の区別をなくす韓国人　170
韓国では親しい間に礼儀はいらない　172

一つの蒲団に寝る姑と嫁　174
援助される方が上という考え　177
互いに距離を調整しあう日本人　180
信じられるのは血のつながった家族だけ　183

第5章　日本に世界の人々の関心が集まる本当の理由

欧米主導の世界が崩壊している時代　188
ジャパン・バッシングというスタンス　190
欧米で課題となっている「共同体づくり」　193
世界最先端の生産方式としてのカイゼン　195
快適さを提供する日本製品の独自性　200
芸術となっている漫画　203
日本発のキャラクター文化　206
ソフトアニミズムの世界性　209

日本の最深部に息づく精神世界の可能性　211

第1章　なぜ今「ニッポン」が世界的なテーマなのか

「日本人」が世界ブランドになっている

海外では静かな日本ブームが大きな広がりを見せています。それと併行して、政府の積極的な誘致政策もあり、外国人観光客も急増の一途をたどっています。

日本の健康的でスパイシーな食、イメージ豊かな娯楽文化、繊細で美麗な伝統文化、アイデアに満ちた日本製日用品、日本式もてなしの接客サービスなど……。これらは、すでに目先の興味や物珍しさを超えて、日々の暮らしのなかでより熱く、より深く世界の人々に愛されるようになっています。

こうした日本文化を目玉とする日本ブームは二十一世紀に入った頃から活発化しましたが、そのなかで近年、大きく浮上してきたものがあります。それは、日本の文化・社会を支える人々、つまり「日本人」に注目する外国人が、とても目立つようになってきた、ということです。それは、日本人が世界ブランドになっている、といってもよいほどのものです。後に述べますが、そもそも異国人による「日本人びいき傾向」は、一〇〇年以上前にはじまるものなのです。

最近の典型的な例を一つあげてみたいと思います。

それは、日本へ旅行したオーストラリア人女性ライターのアリス・ウィリアムスさんによる「日本印象記」です。「日本：どぎまぎさせる礼儀正しさ、いい匂いと完全な信頼の土地」と題して、オーストラリアの情報サイト「news.com.au」にアップ（二〇一六年二月一日）されたものです。ネットで話題となっていたので、私も早速読んでみました。

以下に、アリスさんにとっての「驚き体験」のエピソードを、いくつか紹介してみましょう。

○礼儀正しさへの驚き。

たとえば、ユニクロばかりではなく、セブンイレブンでも店員が「いらっしゃいませ」という、店員は客の後ろ姿にまでもお辞儀をする、といったことです。それに対して「オーストラリアを訪れる日本人には、私たちは野蛮人のように見えるに違いない」と述べています。

○社会の安全性への驚き。

鍵がかかっていない自転車が、無造作に街角に止められていたり、神社の境内に奉納された酒樽がそのまま並んでいる、といったこと。オーストラリアだったら盗まれるに違いないだろう、ということです。

○親切さや秩序正しさへの驚き。

「身動きしないでじっと立っていたりうろたえて見ていたりすると、三〇秒以内に誰かが明白な理由もなしに、あなたに助けを提供するか、あなたの後ろに礼儀正しくもう一つの行列をつくるでしょう」。そんな体験が実際にあったのでしょう。

「日本では、断ることは失礼にあたります」。ホテルの受付のスタッフに「傘を借りることはできないか」と聞くと、スタッフは一瞬固まり、すぐに笑顔で二本の傘を奥の部屋から持ってきました。「きっと彼らの傘だったに違いない」とわかったということです。そして、「日本人はノーと断るより、自分たちを犠牲にすることを好む傾向があります」と書いています。

○恥の文化への驚き。

日本では、「集団の幸福は個人の幸福よりもはるかに重く賞賛されます」。ルース・ベネディクトの日本文化論（『菊と刀』）に触れて、日本の「恥の文化」では、「グループから承認されなかったり、追放されたりすることを怖れます」。そのため、「服装、態度、行動、自己表現などの文化的単一性への強固な感覚があります」といっています。

アリスさんは、日本人の些細（ささい）な礼儀をたくさん受けていると、しだいに自分たちも礼儀正しくなっていくといいます。私もまったくそうでしたから、とてもよくわかります。こうしたことは「誰もがもう少し心地よく毎日を過ごす効果がある」とは、まさしくその通りでしょう。

アリスさんは「旅の最後には、善良なるオーストラリア人の敵対的な態度、（人前での）鼻かみ、公共輸送機関での罵（ののし）り声を渇望していました」とのことです。オーストラリアではあり得ないような非現実的な体験が続いたので、オーストラリアの「がさつな現実」が恋しくなった、ということなのでしょう。

アリスさんの文章の最後を、「多分私たちは、不作法で、粗野で、公共輸送機関を自分たちの『プライベートな売春宿』と勘違いしているかもしれませんが、少なくとも私たちは、自分たちがどんな立場にあるかを知っています」と結んでいます。「よくないことだと知りながらやっている」というわけです。

「日本人はとてもいい匂いがする」

アリスさんが語る主なエピソードは右のようですが、この「日本印象記」にはさらに興味深いものがあります。一つは冒頭で次のように述べているところです。

「日本へ行って私が最初に気づいたのは、混雑ピーク時の東京の地下鉄で誰にも素敵な匂いがしたことでした。それは、清潔な髪とリネンで洗ったばかりの繊細な香りのようでした」

この文章を読んで、すぐに頭に浮かんだことがありました。それは小泉八雲(ラフカディオ・ハーン)の「日本文化の神髄」(『心』岩波文庫所収)というエッセイです。

明治二十九年（一八九六）の作ですが、八雲はこのエッセイのなかで、海軍兵学校や東京帝大の教授を務めたイギリス人、バシル・ホール・チェンバレンが「日本の群衆は、世界じゅうでいちばんいい匂いがする」と話していたことを紹介しています。また八雲は、イギリスの詩人エドウィン・アーノルドが、「日本の群衆はゼラニウムの花のような匂いがする」といったとも述べています。

八雲はこの「いい匂い」に触れて、日本の庶民が毎日のように銭湯に入り、清潔な身体と服装に心がけていることを述べています。また「ゼラニウムの花のような匂い」については、麝香（じゃこう）という香料をわずかばかり衣装ダンスに入れてあるからだろうと理解しています。

アリスさんも同じような匂いを感じたのでしょうか。知り合いのフィリピン人英語教師に聞いたところでは、実際に匂いがしたというよりは、そうしたいい匂いがするような、サッパリした清潔感を感じたということだろう、といっていました。いずれにしても、アリスさんの「いい匂い」の体験あるいは印象は、一二〇年前の西洋人たちのそれとそっくり同じものだったのです。

アリスさんが二番目に気づいたのは、「乗客は私の鼻息が気になるほどとても静かで、三分の一がマスクで顔を覆って(おお)いたこと」でした。そのとき一緒にいたアリスさんのパートナーは、「他人から(細菌を)うつされるのを防いでいるのではなく、自分がうつしてはいけないと考えてそうしているのだ」と説明したそうです。こうした日本人の気づかいのあり方が、アリスさんには大きな驚きだったのです。

それに対してオーストラリアの車中では、「乗客たちに見られる、度はずれの汚さ、交渉中の麻薬中毒者たち、暴力的な車掌たち、十代の少女たちの喧噪に慣れていますが、日本では他人の個人空間への尊敬に満ちています」と書いています。

「日本はお伽(とぎ)の国のようだ」

アリスさんは以前から「日本人の思いやりや、きちんとしている点がとても好きでした」が、「マナーや行儀良さがあまりにも現実離れした(シュールな)ものだったので、滞在中ずっと、日本をテーマにしたディズニー作品のスノーグローブのようなものの中で暮らしているように感じました」といいます。

スノーグローブは、中に人形や建物などのミニチュアが入ったドーム形（球形も）の透明な容器を、振るなどして動かすと、雪が降っている風景が作り出されるものです。日本ではスノードームとも呼ばれています。つまり日本は、超現実のお伽の国のようだといった印象なのです。ディズニー作品のようだと、表現は現代的ですが、やはりこれと同じことを、百数十年前に多くの西洋人が語っていたのです。

小泉八雲は、初めて接した松江の人々の印象をこんなふうに書いています。


「誰もが珍しそうに眺めるが、その視線には敵意はおろか、不快なものは何もない。たいていは目が、にっこりと、あるいはかすかに笑っている。こうしたやさしさを含んだ、好奇の目と微笑がもたらす究極の結果は、異国の旅行者に、思わず知らずお伽の国を思わせるのである」（「東洋の土を踏んだ日」『神々の国の首都』講談社学術文庫）

八雲は、こうした印象は自分一人のことではないといいます。

「日本の土を踏んだ日の印象を語るとなると、みな、申し合わせたように、この国をお伽の国、そこに住む人をお伽の国の人々と呼ぶ」（同前書）

実際、チェンバレンは明治二十三年に刊行した著書のなかで、欧米人にとって「古い日本は妖精の棲む小さくてかわいらしい不思議の国であった」（『日本事物史1』平凡社東洋文庫）と書いています。また、エドウィン・アーノルドも明治二十二年に、来日歓迎晩餐会の席上で、日本を「地上で天国あるいは極楽にもっとも近い国」と賞賛し、次のように述べています。

「その景色は妖精のように優美で、その美術は絶妙であり、その神のようにやさしい性質はさらに美しく、その魅力的な態度、その礼儀正しさは、謙虚ではあるが卑屈に堕することなく、精巧であるが飾ることもない」（同前書）

明治十一年に日本各地を巡ったイギリスの女性イザベラ・バードは、米沢平野を一望して次のようにその感動を記しています。

「米沢平野は、南に繁栄する米沢の町があり、北には湯治客の多い温泉場の赤湯があり、まったくエデンの園である」（『日本奥地紀行』平凡社東洋文庫）

当時の西洋の知識人たちには、「後進国日本」への憐れみがあり、「近代文明の高み」から見下した、前近代的な文明地域の人々の素朴さや純粋さを愛でる異国趣味（エキゾチシズム）があった、という人もいます。そのため、彼らが賞賛する日本人の「純粋さ、誇り高さ、素直さ、勇敢さ」などの「高貴なる精神」は、反面では「無知、粗野、稚拙、下品」などの救済すべき「哀れなる精神」でもあった、という見方も少なくありません。当時の西洋人の「日本賞賛」のなかに、そういう観点があったのは確かでしょう。しかしながら、彼らはけっしてウソをいったわけではありません。それどころか、まことに正直な実感を率直に表明したものといえるのです。

彼らは、それまでほとんど知ることのなかった日本人という異国人から、これまで体験したことのない大きな異文化ショックを受けたのです。そしてそのショックは、想像を遥かに絶する、賞賛せずにはいられなくなる強烈な異質感覚によるものだったはずなのです。私にはそう信じられ、またその感覚がとてもよく理解できます。

私も含めて、アリスさんら多くの外国人が注目してやまないのは、かつての西洋人が感じたのと同様の、日本人にしか見られない「美点」あるいは「美風」です。より正確にいえば、日本人の考え方や行動に触れて感じた、「私の国やこれまで見た国ではあり得ないことだ」という大きな異文化ショックとともに感受される、「心からの敬意」なのです。日本製品だけではなく、今や日本人が世界ブランドになっている。そういえばピッタリなのです。

第二次ジャポニスムの現在

これまでにも日本ブームはたびたびありましたが、そのたびに「一時的なトレンド」

と見る向きが少なくなかったかもしれません。しかし事実はそうではなく、近代以降現在に至るまで、「どの国とも違う美点・美風」に触れた人々の新鮮な驚きを通して、日本ブームは諸国民の間に静かな拡大と浸透を続けてきたのです。そのはじまりが幕末から明治にかけての頃だったのです。

アメリカのワシントンに日本の桜を植樹したことで知られるアメリカの紀行作家エリザ・シドモアは、その日本紀行（明治十七〜三十五年）のなかで、「日本人の不思議な魅力」を次のように書いています。

「日本人は今世紀最大の謎であり、最も不可解で矛盾に満ちた民族です。日本人の外見と環境は、一瞬、気取り屋の国民に見えるほど絵のように美しく、芝居じみ、かつ芸術的です。……西洋人は、極めて優れた黄色人種の分派・日本民族の深い神秘性、天性の賢明さ、哲学、芸術、思想など名状しがたい知的洗練さの前には、まるで赤ちゃん同然です」（『シドモア日本紀行』講談社学術文庫）

シドモアはさらに、日本の芸術は「あらゆるところに痕跡(こんせき)を残し、すでに西側世界には革命を誘発して」いると述べています。どういうことかといいますと、「ルネサンス(文芸復興)と同じような鮮明さで西洋に一紀元を画し」たのであり、「すでに[日本は]地球の美術工場となっている」というのです。

ここでシドモアがいう「日本が西側世界に誘発している革命」とは、一九世紀後半から、日本の美術に深刻な影響を受けて西洋に広まった日本美術ブーム、つまりジャポニスムのことです。ジャポニスムは、一八六〇年代から一九一〇年代にかけての半世紀にわたりました。

欧米に広がった装飾芸術のアールヌーボー、ゴッホやマネなどフランスを中心とする後期印象派絵画、イギリスのガーデニング文化などが、浮世絵・山水画・田園風景・園芸などの日本美術の強い影響を受けつつ展開されたことは、世界的によく知られている通りです。

それから百数十年後の、第二次ジャポニスムともいえる現在の日本ブームは、かつてよりいっそう大きな地球規模での革命を誘発しているのではないか——私はそうした感触を強くもっています。

ジャポニスムは西洋美術のあらゆる分野におよびましたが、なかでも浮世絵の印象派絵画への影響は一般にも身近なものとしてよく知られています。一八四〇年代からオランダを窓口に西洋に流出するようになった日本の美術作品は、一八五三年の日本の開国以後はすさまじい勢いで大量に流出し続けたのです。

印象派のピサロ、マネ、ドガ、セザンヌ、モネ、ルノアール、ゴーギャン、ゴッホらは、いずれも一八六〇年前後に思春期〜成人期を迎えています。日本美術への人気が西洋で熱狂的な高まりをみせはじめた時代です。彼らが強く影響を受けたのは、主として江戸時代に描かれた浮世絵でした。

浮世絵の影響は色彩、構図、モチーフにまで至り、ジャポニスムなくして印象派絵画の発展的な広がりはなかったとすらいってよいほどでした。なかでも、葛飾北斎（一七六〇〜一八四九年）の『富嶽三十六景』、歌川（安藤）広重（一七九七〜一八五八年）の『名所江戸百景』という二つのシリーズの影響には、きわめて多大なものがありました。

世界は「日本で何が起きているか」を知りたがっている

ジャポニスムが起きる以前、西洋の知識人の多くは、日本の芸術を低級なものと見下していました。その典型を、幕末にイギリス駐日総領事・公使として日本に滞在し、一八六二年のロンドン万国博覧会に多数の日本美術作品を選択・展示したラザフォード・オールコックにみることができます。

当時の日本の美術は、部屋飾りとしてのふすま絵・屏風絵・扇子絵や装飾的な漆器・茶器などの工芸品が主流をなしていました。これを評してオールコックは、日本には西欧中世以降の本格的な「高級芸術」に相当するものは見られず、ほとんどが装飾を志向したものばかりだという意味のことを述べていたのです(『大君の都』(上・中・下巻)岩波文庫)。

一九世紀西洋の高級知識人たちの間では、日常生活の次元から離れた高度な精神的営みによる芸術家の手になる「高級芸術」があり、その派生物として職人の肉体労働による装飾芸術やそれに類する戯画的な「低級芸術」がある、といった芸術観が支配的でした。当時のオールコックも、少なからずそうした芸術観の影響下にあったものと思われます。

しかしながら、やがてこうした高級と低級といった価値区分をする古典的な芸術観は、ヨーロッパで大きく後退していくことになります。それには、日本の装飾芸術や戯画ともみなされた浮世絵作品などの大量流入にはじまる、ジャポニスムの影響が相当に大きかったのです。

浮世絵はその華やかさからも、装飾的な技法にすぐれた作品が数多くあります。浮世絵に特徴的な、明るい色彩や柔らかで生き生きとした輪郭線による描写の技法は、当時の西洋美術には見られないものでした。多くの西洋人が、その独得な装飾感覚に熱狂的に魅せられていったのです。

それと同じことが現在起きているのです。以前に紹介したことがありますが、すでに一〇年以上前から起きていたことです。

世界に幅広い読者をもつイギリスのデザイン雑誌『ウォールペーパー』の記者、フィナ・ウィルソンは、「世界の読者はいま日本で何が起きているか――ファッションでも建築でも、家具のデザインでも――を知りたがっている」といっています。「日本の隅から隅まで『美の探訪』に出かけ」て、すっかり「日本風に恋する」ようになった彼女が、次のように述べているところに私は強い共感を覚えます。

「日本のデザインには新鮮な驚きがある。他のどの国とも違う美意識に満ち、斬新なアイデアと細部に対する繊細な目配りが見事に調和している。……伝統的な技巧からモダンな表現まで、日本には創造的な才能があふれている」(「伝統とモダンの調和に恋して」『Newsweek』日本版・二〇〇六年四月五日号)

日本には創造的な才能があふれている――。多くの人々にそう感じられているところで、「ニッポン」は今や世界的なテーマになっているといえるでしょう。

真似ることは学ぶことである

外国の文化を受け入れることでは、日本は世界一積極的です。そのためなのか、日本文化は創造性に乏しい模倣文化だと、いまだにいわれることがあります。これは外国人だけではなく、日本人みずからいうことも少なくありません。

古代には中国文明を模倣して文化をつくり、近代では西欧文明を模倣してさらに新しい文化をつくったのが日本であり、オリジナルなものを創造することなく、すべて模倣ですませてきたのが日本だという者までであります。

しかしながら、およそ「オリジナルなものや起源は自分たちの内部にだけある」などというまことしやかな主張の裏側には、必ずや排他的で偏狭なナショナリズムが張り付いているものです。そういう主張が、一種の精神的な後退・退化であることに気づかない外国人は、今でも少なくありません。

日本には、外部からくるものを排除するのではなく、関心をもって取り込んでいく強い動きがあります。しかも、取り込んだものを独自のものに作り替え、新たな文化として形づくっていきます。

たとえば日本は、まず中国から漢字を表音文字として取り込み、やがて表意文字としても用い、やがて仮名を創案し、総じて独自の文字文化を形成していきました。ずっと後にオランダとの関係が密になるとオランダ語を外来語として取り入れたり、幕末から明治になると英語を取り入れてローマ字的な表記も登場するようになります。

こうした文化の導入、新文化の自主形成を、模倣というのは果たしてふさわしいことでしょうか。

日本文化を模倣というならば、韓国だって中国儒教を模倣したじゃないか、中国だってインドの仏教を模倣したじゃないか、さらにいえば、キリスト教だってユダヤ教の模倣だと、イスラム教だってキリスト教の模倣だと、そういったっていいじゃないか、それを、なぜ日本についてだけ模倣というのか、という見方もあるでしょう。

外国人がいいたいのはそういうこととは少し違うのです。

外国人が日本人の文化の受け入れ方を模倣だというのは、文化を体系的にまるごと取り入れるのではなくて、都合のいいところだけを切り取ってきて、それを従来からの文化に貼り合わせて使う、といった印象を強くもっているからなのです。

単純な意味での模倣とか真似とかはそういうものでしょう。「あれは物真似にすぎない」といえば、根本がわかっていないとか、表面的な形を写しただけのものだとか、そういうことを意味しています。

しかし、そうした真似とは別に、「人の振り見て我が振り直せ」といわれるように、文化の面でも社会の面でも、日本では人々がそうやって我が振りを正し、よき他者を手本とし、互いに学び合っていこうとしてきたと思います。師を学んで師を超える、お手本を学んでお手本を超える、ということも、日本ではよくいわれることです。

中国や韓国でも、賢人の教えをそのまま受け入れなさい、それを自分のものにしたうえでものをいいなさい、ということはいわれてきました。でも実際には、それは受験勉強のように学ぶだけで、そういう考えがほんとうに身についているとはいえません。

会社に入っても、まずこの仕事をこなしなさい、どうやるかは先輩を見たり聞いたりして身につけなさい――こういういわれ方をすることが日本ではとても多いようです。

それには当然、一理も二理もあるわけですが、外国人には「自分が……」といった意識が強いためか、どこかタカをくっていて、なかなかその通りにやろうとはしない人が少なくないようです。

そもそも、手本に習うことが学ぶことだという考え方が、東洋には古くからあったはずです。ところがいまや、中国や韓国ではあまり見られなくなっています。

しかし日本では、大工さんの修業とか、生け花や茶道とか、とにかく当分の間は手本のまま、師がいうがままに受け入れていくという物事の習得の仕方が伝統的に残っているのです。

日本語の「まなぶ」という言葉は「まねする」の古い形「まねぶ」から出ているといわれます。神さまの姿・形を真似て神さまの前で踊る舞踏が「まねび」であり、その動詞形「まねぶ」が「まなぶ」になったということです。

日本の芸能はそのように、神の姿・形を模倣し、模倣することによってその者が神となり、声を発してさまざまな所作(しょさ)をする、巫女(みこ)（シャーマン）の踊りから発したことが、日本芸能史の研究から明らかにされています。

日本では、こうした神さまを模倣する古い「まねび」の意識が人々の心のなかに焼きつけられ、現在に至るまでの「学ぶ意識」のベースを形づくってきたのではないでしょうか。

そのため、先人の教えを素直に学ぶことができ、生け花の師匠のいうままに、大工の棟梁のいうままに、まずはそこから学ぶこと、総じて手本に忠実に学ぶという伝統が消えずに残ってきたのではないかと思うのです。

日本人ほど外国文化のとり入れに熱心な国民はなく、そこで発揮されるエネルギーのすさまじさは、外国人から見ればまことに尋常なものとは思えません。これはやはり、「まねび」を根にもつ日本人の、「まなび」に向けて集中される巨大な民族エネルギーなのではないかと、そう思うのです。

歴史の底に流れる「原始芸術の根源的精神」

そもそも文化というものは、異質な文化との相互影響関係をもち、その循環のなかで新しい質を生み出していくものです。

たとえば、一九世紀末からヨーロッパで起こったアール・ヌーボーは、先に見ましたようにジャポニスムという形で、日本の影響を受けたものです。そこで面白いことには、次には日本のデザイナーたちがこれを受けて、独自の作品を作っていった、ということです。大正・昭和初期に、資生堂などが盛んに作った「アール・ヌーボー調ポスター」などがその典型です。

しかしながら、こうした相互影響・循環関係があまり強く働かないこともあります。たとえば、外来文化の圧倒的な迫力を前に、異文化と向き合う術すらもてないような場合があり得ます。そんなとき、外来文化はことさらに異文化と意識されず、便利だとか心地よいという理由でただ受け入れられるだけとなります。そうなると、そこから新しい文化が生じることはありません。

新しい文化は明確な異文化との接点に生じるのです。異質なものに接して「それはなぜこうなのか」「自分はなぜこうなのか」と感じ、その「なぜ」に出発して、自分自身をあらためて見つめ直していくところから新しい文化が生まれていきます。

明治日本の美術研究家岡倉天心（おかくらてんしん）（一八六二〜一九一三年）は、日本美術史を論じていくなかで、異文化接触によって日本が新たな文化を生み出していった様子を、見事なばかりに描写しています。

古い時代の東洋では、中国の美術やインドの美術が、圧倒的な影響力をもって日本や朝鮮や東南アジアをはじめ、アジア各地に流入していきました。日本はそれらをどのようにして受け入れ、またどのように応じて自らの美術を展開していったのでしょうか。この問題について、日本ではじめての総合的な分析を行なったのが岡倉天心でした。

天心が外国人向けに英文で書いた『東洋の理想』（一九〇三年ロンドン刊／日本語版には浅野晃訳・角川文庫版などがある）に拠って、その要点をみていきましょう。

日本では古くから、外来の文化、美術が入ってくると、まずはそれを独自の色合いへと変化させていきました。なぜそうしたかといいますと、中国芸術の左右対称、直線的、鋭角的などのモノトーンで統一された変化に乏しい様子や、インド芸術の装飾や色彩がきわめて過多な派手派手しさは、日本人の美術感覚からすれば、そのままではとうてい受け入れがたいものだったからです。

そこで、日本独自の色合いへと変化させながら、外来の文化、美術を吸収していくことになります。日本人の美術感覚は大陸とは大きく異なる、穏やかな気象、柔らかな地勢、霞がかった風景、大洋の響きなどの柔和な自然を源泉としています。そこから、後の日本美術に典型的に見られる「柔和な単純さ」や「浪漫的な純粋さ」が生み出されたのだと天心はいいます。

こうした日本的な美術感覚は、外来美術の流入をきっかけに、しだいに高度なものへと磨き上げられていったものです。

二、三世紀の頃から、中国漢朝の爛熟したさまざまな技術が日本や朝鮮に流入してきます。この段違いに優れた力の流入は、従来の日本文化や朝鮮文化を圧倒します。しかし日本では、単に圧倒されただけではありませんでした。同時に、日本人の美的な心の活動を、これまでとは別の「より高い段階における新たな努力に、まったく没頭させた」と天心はいいます。

日本人は今でもそうですが、当時も優れた外来文化を感嘆とともに受け入れます。しかし、そこからさらに、日本人の美術感覚との調和を目指した改変への努力が、細部にわたって精力的に展開されていったのです。

そうして「柔和な単純さ」や「浪漫的な純粋さ」の美が生み出されていくのですが、その原動力となったのが、日本の柔和な自然を源泉として育まれてきた精神性でした。天心は、これを「（われわれの）原始芸術の根源的精神」と呼んでいます。

この精神性の活発な働きによって、日本は高度な外来文化の流入にもかかわらず、それに圧倒され尽くすことなく、独自の文化、美術を生成・発展させることができたのです。

天心がいう「原始芸術の根源的精神」というのは、中国・インドに典型的な農耕アジア文明がはじまる以前の、自然採集・狩猟生活世界、つまり縄文時代の生活世界の精神性にほかなりません。いまだ自然と人間の間にはっきりとした区別の意識がなく、自然との一体化感覚のうちに生きていた時代の人間の心を意味しています。

天心はこの心の働きが、「支那建築の急勾配の屋根を、奈良の春日に見られるいわゆる春日式の優美な曲線をもって加減した」り（奈良時代）、「藤原期の創作に、その特有の女性的な洗練さを負わせた」り（平安時代）、「厳粛な足利期の芸術に、剣の精神の純潔さを刻印した」（室町時代）といっています。

この心の働きは以後も、「あたかもうずたかく積んだ落ち葉の下を行く流れのように」、ずっと日本の歴史の底を流れ続けてきた、と天心はいいます。そしてこの流れは「今なお時おりその輝きを現わしつつ、おのれをおおい隠していく草木を養っている」と述べています。

まさしく天心がいうように、日本の文化は、歴史の底に連綿と流れ続ける「原始美術の根源的精神」によって養われ続けてきたといえましょう。次々に到来する外来文化は、この流れによって日本独自の色合いを与えられて吸収され、さらなる変身をとげつつ日本文化として定着していったのです。

日本はそのようにして、各時代のアジアの最高の文化を連続して取り入れ続けることを可能にしていきました。ところが大元（おおもと）のインドや中国では、戦乱や異民族の侵入や革命を大きな原因として、多くの文化が消え去り、文化の連続性を失っていったのです。

その結果、「アジア文化の史上の富を、その秘蔵の標本によって連続的に研究することのできるのは、ただ日本においてのみ」という現実がもたらされました。そのようなことから日本は、アジアの思想と文化の「博物館」であり、「信託倉庫」であり、「相続財産の保存庫」だと天心は述べています。

私は日本の文化について、天心のいうのと同じことをずっと感じ続けてきました。さらにいえば、日本はアジア文化の保存庫だというだけではなく、それらの財産を引き継ぎ、さらに新しい文化創造の基地の役割を果たし続けてきたと思います。

室町時代の美術と南宋文化

アジアの文明化は、儒教・道教・仏教の登場とともにはじまります。中国北部では、主として儒教的な秩序重視の考え方の影響下に、壮麗な古代文明が花開きます。中国南部では道教的な土壌で受け入れられたインド仏教が禅となり、やがて宋朝（とくに南宋〈一一二七～七九年〉）の文人たちによる「禅宗文化」が出現します。

これによって天心がいう「精神による物質の征服」という文明化への道が本格的につけられようとします。しかしその道は、モンゴル帝国の膨張によって大陸では絶たれてしまいます。一方、日本に入った流れが日本で独自の発展をとげ、室町時代以降の日本美術と文化の基調を形づくっていきました。

天心は『東洋の理想』のなかで、日本美術の発展は、室町時代に最高度の水準に達したといっています。そこに日本美術の最もとぎすまされた表現を見ています。そこで天心が象徴的に取り上げているのが、禅僧でもあった雪舟、雪村に代表される日本の独特な水墨画です。

室町時代になって、平安時代や鎌倉時代に特有だった「強い、調子の高い描法と色彩も、その繊細な曲線も」退けられ、「簡単な水墨の小品と、いくぶん奔放な線」に代表される、日本独自の水墨画が登場したのです。なかでも「雪舟もしくは雪村の偉大な作品」を天心は、「自然の描写ではなくて、自然についてのエッセー」であると評しています。

そうした簡素で自由な作品を登場させた室町時代の思想を、天心は「典雅な衣装を脱ぎ捨て」「はかまを着けた」新しい思想、と表現しています。その思想の基調となるのが、外面の装いにとらわれることなく、内面との直接交渉を志す禅の精神でした。外面を美しく飾る豊かさではなく、外面は地味でありながらも内面の豊かさを大事にしていこうとする精神性といえるでしょう。

天心はこの室町期に確立した精神性によって、「芸術から外来の諸要素を奪い去ることと、表現をできる限り単純にそして直截にすること」が行なわれたとして、次のようにいっています。

「室町期の芸術は、古代の仏像のもの静かな哀感や感情の安らぎや、あるいは完璧な豪華さや洗練された理想力に満ちてはいない。しかし、それらには見ることのできない直截さと単一さを、見る者の心に印象づける。それは、心に向かって語る心なのだ。強い、そして自己を拒否する心――かくも単純であることのゆえに不動な心なのだ」（筆者要約）

天心の文明観では、そこに「精神による物質の征服」「物質性の束縛からの精神の自由」という文明化の神髄があるのです。

「奈良時代の美術は壮麗であり、平安時代の美術は優美だが、比較できるものは外国にもある。たとえば天平期の美術はギリシャにも比較できるものがある。しかしながら、室町時代の雪村、雪舟の作品と比較できるものは外国にはまったくない。そして、これらの作品を生みだした室町期の思想は、今日（近現代の日本）をも支配している」（筆者要約）

天心のいう雪村、雪舟に代表される美術感覚は、日本に広い裾野をもつ茶道、華道、庭などの文化にまで拡張することができるものでしょう。外国に比較できるものがない日本美術の独自性といえば、確かにそのへんにあると感じられます。その精神性の特徴は「わび」であり「さび」であり、花鳥風月との一体化の境地であるといえるでしょう。

天心がいうように、その美術的な出発点は南宋の文人美術にありました。南宋が位置したのは大陸アジア南部の豊かな穀倉地帯です。日本はこの地域以南の文化と、文明以前の時代から深いかかわりをもち続けてきました。天心がいう「原始芸術の根源的精神」も、明らかに南方系のものといえましょう。

儒教・道教・仏教と芸術

天心は『東洋の理想』のなかで、儒教が支配する中国文明のなかで、道教が芸術に果たした役割を次のようにいっています。

「儒教は部分を全体に従属させて安定感を生み出していくために、どうしても芸術の自由を制限しがちであった。道教はこの儒教を根底からゆさぶり立てた思想であり、中国の南方人気質の自由と複雑さを背景に、個と全体の無理のない調和を説いた『遊びをふくんだ個人主義』の思想である。またインドの理想主義を苦手としていた中国人が、仏教の哲学的な面を受け入れる媒介の役割を果たした」(筆者要約)

儒教は自然のあり方を、制度や政治哲学や道徳哲学の原理としていく方向で確立していった思想です。天心は中国の芸術について「単調な幅への偏向」があると指摘していますが、このことは、ゆらぎを許さない秩序だった形式美を意味しています。そこで生み出されるのは、芸術の自由を制限した美術となるしかありません。

それに対して道教は、道徳以前の自然、脱制度的な自然を道徳哲学にぶつけて、いっさいの秩序的なもの、形式的な美にゆさぶりをかけていきます。また、現実の質素な日常生活や自然生活を理想とする道教にとっては、インド的な理想主義がもたらすインド芸術の「過度の豊富さへの傾向」は、離脱すべき対象となっていきます。

天心は仏教思想の核心を、次のように人間精神の自由と平等にみています。

「仏教は魂の自由の教えであり、世界で最も個人主義的な民族のただ中からほとばしり出た、獣をも人間と同じレベルに引き上げる慈悲の思想である。それは、カースト制度はありながら、一種の精神的な封建制によって極貧の農民をも人間性の貴族の一員とさせている、万人の平等と四海同胞を宣言する絶対平等の思想というべきものである」(筆者要約)

儒教・道教・仏教いずれも、自然と一体のうちにあった自然採集・狩猟時代の人間の精神が、農耕の開始とともに自然との分離を果していったアジア的な農耕社会に登場した思想です。天心のいう「原始芸術の根源的精神」は、それらの思想発生以前の時代に根拠をもつ人間の精神性を意味しています。天心が道教を重視したのは、日本には生き続け、大陸では失われた「原始芸術の根源的精神」を、理念的なレベルで再生したものだったからでしょう。

結局のところ天心に従えば、大陸に発生したアジアの諸文化は、大陸文化として高度な発達を終えていずれも衰退していったが、日本では大陸文化発生以前の精神性を原動力とし得たことで、大陸の限界を超えた別の次元で、新たにいっそう高度な発展を展開していったということになります。

天心がいう「原始芸術の根源的精神」は、一般的に「縄文時代以来の自然観」といわれる精神性と同じものです。この精神性こそが、日本に多元的な要素のある社会を形づくらせてきたのです。また同時に、各時代を通して、古いものを温存しながらの近代化を遂げさせてきたのだといえるでしょう。

それに対して中国や韓国は、儒教の考えからこうした精神性を遅れたものとして文明の中心から排除し、古来の文化的な伝統をいちじるしく衰退させていきました。したがって、そこでは一元的な社会が形作られ、古いもの（前王朝の文化）を一掃してのリセット（易姓革命）を、幾たびとなく繰り返すことになっていったのです。そのため、文明が日本よりも早く発達しながらも、頂点に達して固定化し、やがては衰退の一途をたどっていったのです。

非イデオロギー国家日本

日本には、外部からくるものを排除するのではなく、関心をもって取り込んでいく強い力が働いています。しかも、取り込んだものを独自のものに作り替え、新たな文化として形づくっていくのです。韓国や中国には、こうした日本を「節操がない」「原理原則がない」と批判する傾向が強くあります。

どんな集団でも、何か物事を進める場合には、必ず原則を立てるものです。それは日本でも同じことですが、日本人はしばしば「いや、それはあくまで原則ですから」というい方をします。

私は日本に来た当初、日本人のそうしたいい方を聞いて、「あくまで原則だから」とはどんな意味での原則なのかよくわかりませんでした。しかしそれが、「必要に応じて例外があってよい」原則だとわかり、それならば原則というべきものではないではないか、と思ったものです。

日本人はシビアな問題の解決については、現実的な状況の動きに応じて、あるときは原則的な解決へ、あるときは実質的な解決へと、適宜重点を移動しながら実際的に問題に対処していこうとします。それが日本人に特有な現実処理の方法ですが、そうした場面、場面で変化する日本人の姿勢や態度が、外国人には原則軽視、あるいはダブルスタンダードと映り、大きな不信感を抱かせることにもなっていると思います。

日本の外交姿勢が外国から誤解を受けることが多く、日本の真意がなかなか伝わらないのは、そこに多くが起因しているためだと考えられます。

日本人が原則を棚上げできるのは、日本社会が歴史的に非イデオロギー社会として形づくられてきたからだと思います。欧米では、キリスト教や民主主義思想に基づいた価値観が軸となって、社会が形づくられてきました。また中国や韓国では、儒教の価値観やそれに基づく血縁主義を軸として社会を形づくってきました。そのほか、イスラム教、ユダヤ教、ヒンズー教、社会主義思想などに基づいた、さまざまな社会がありま す。

日本は外国からさまざまな宗教や思想を受け入れてきたわけですが、それらの諸国のように、一個の体系をもった宗教や思想を軸にして社会を形づくっていくことがありませんでした。それは現在でも同じことで、現代日本の社会を西欧的な近代イデオロギー社会ということはできません。

イデオロギーを軸として成り立っている社会では、個人的にも社会的にも、AかBかという物事の分別は、つねに「揺るぎのない絶対的なもの」としてなされていることが理想となります。ところが日本の社会は、そういうことがけっして理想とはならない社会です。そのため、必要に応じてAかBかという一般的な基準を立てることは立てても、それを絶対とはしないのが日本人です。

日本の社会で重要視される原則は、イデオロギー的なものではなく、社会生活上のルールだといえます。人としてのあるべき道理や心情の表し方、通わせ方についての、習慣的な制度・形式です。日本の社会では、そこを基準にして、外から入ってきたイデオロギー的なものを必要に応じて採り入れ利用します。ですから、いつでもイデオロギー的な原則を棚に上げ、問題を実質的な人間生活の道理や心情に帰して話し合うことができる。そういうことなのではないでしょうか。

日本の内部では、仏さまも、キリスト教の神さまも、ユダヤ教の神さまも、イスラム教の神さまも、ヒンズー教の神さまも、みな等しく尊重しますし、儒教の教えも尊重します。ですから、国内に深刻なイデオロギー対立が起きることがありません。

世界の諸地域では、特定の宗教や理念に基づく、国家や民族集団が掲げるイデオロギー上の対立・紛争が止むことがありません。こうしたイデオロギー対立の克服こそ、現代世界の主要なテーマだといえましょう。

日本は、イデオロギーを軸とすることなく、諸個人・諸集団が相互に関係し合っていくことができる、世界でも希有な非イデオロギー国家です。諸国が日本のように、それぞれ民族や宗教のイデオロギーを超えた結びつきを基盤にしていく以外に、本当の意味で世界に平和がもたらされることはないでしょう。

日本を形づくる三つの精神層

日本各地の大地を掘ると、古代の生活遺跡が発見され、その下から弥生遺跡が発見され、さらにその下から縄文遺跡が発見されるようなことがよくあります。日本では、そのように生活遺跡が何千年にもわたって連続する層になっている地が珍しくありません。そのように、きれいに連続する生活遺跡が各地に多数発見されていることに、私は大きく驚かされました。

私は、日本人の精神史のレベルでも、こうした重層的な構造が想定できるのではないかと思いました。これができれば、日本文化や日本人の精神性についての理解をいっそう深められるのではないかと思いました。

私はやがて、アフリカ・南米・南洋諸島などのプリミティブな文化、アジアの農耕文化、西欧の近代文化といったものも、それぞれ日本人の内面の精神層に対応づけられるのではないか、と思うようになりました。

私は現在の日本文化を構成する要素として、「西欧的な近代世界」と「農耕アジア的世界」と「前農耕アジア的世界」があると考えています。そして、最も基層にある「前農耕アジア的世界」を故郷とする文化の特質に光を当てながら、他の二つの世界が陥っている限界を超えられる可能性を探っていけるのではないかと考えています。その「前農耕アジア的世界」とは、「全体と個、主と客が分離できない領域にずっとこだわり続け、その調和を理想として独自の近代世界を切り開いてきた今日にいたるまでの、延々たる歴史をもつ日本」です。

この日本のなかの「前農耕アジア的世界」は、考古学的にはほぼ縄文時代に対応するもので、精神史的にはアジア的な農耕世界が切り開かれる以前の時代に対応しています。私はこの「西欧的・近代的な世界」と「農耕アジア的な世界」と「前農耕アジア的な世界」の三つの重層性が、現代日本の民族的な精神性を基本的に形作っていると考えています。そしてなんらかの処理をほどこして拡張していけば、これを現在の人類的な精神の三大層とみなすことができるのではないかと思うのです。

物事を歴史的な発展や推移のなかで見ていけば、どうしても過去はすでに消え去ったものでしかなくなります。それに対して歴史を精神的な重層性として見ていけば、過去がさまざまな精神の層として現在に総合的に含まれていることを見抜けるはずなのです。物事の歴史的な推移を、歴史的な発展とか進歩した過程とかの観点から見るのではなく、変化の全体性についての観点から見ることができるはずなのです。

こうした考え方からすれば、楽茶碗のあの独特な実感的で非対称な歪型（わいけい）の美（び）は、縄文土器を作り出した精神層にかなり強く支えられた表現とみなすのが最も妥当ではないかと思います。移入した李朝白磁の不完全製品としての歪みにヒントを得たともいわれますが、その歪みに着目してそれを美的な表現として取り入れていったところには、少なくとも自然に出た歪みを美しいものと感じとる精神性が内面にあったことを物語っています。

そして、そうした表現が多くの人々にも美しいものとして受け入れられて現在にいたっていることは、考古学的な縄文時代に対応する「前農耕アジア的な世界」の精神層が、個々の日本人の内面に共通に抱え込まれているからだといえるのではないでしょうか。

「前農耕アジア的世界」は、今では中国や韓国に見出すことができません。しかし日本ではなぜかこの第三層が今なお生きているのです。この「今なお生きている」ところが、日本の基本的な性格を形づくっている、というのが私の理解です。韓国人をはじめとする外国人が容易に理解できない日本人の精神性こそ、この「前農耕アジア的世界」に由来する精神性なのです。

世界的なテーマとしての「ニッポン」

「農耕アジア的な世界」はいうまでもなく、「西欧的・近代的な世界」は限界にぶつかっており、もはや未来的な可能性を持ち得てはいません。しかし第三の「前農耕アジア的世界」は、今なお未来的な可能性を持ち続けています。

この「前農耕アジア的な世界」の精神性は、現在の世界が陥っている限界の突破に向けて、個と全体の調和を軸にした高い理想を実現する可能性をもっています。そこに、世界的なテーマとしての「ニッポン」があるのです。私はそのように考えています。

現在、世界に湧き起こっている日本ブームには、世界的な文明の趨勢と、自然環境や伝統的な生活との間に発生する軋み(きしみ)が大きくかかわっていると思います。現在の日本文化が見事に形づくる伝統とモダンの調和が、諸国で注目されるようになっているのも、その一つの現れではないでしょうか。

一九八〇年代の頃までは、「伝統的な昔はよかった」という伝統回帰主義的な主張と、「文明や科学が発達した今がよい」という文明進歩主義的な主張は、相容れずに対立することが多かったと思います。それが近年では世界的なレベルで、この二つの正反対の主張をぶつけ合うのではなく、両立させていこうとする傾向がかなり見られるようになってきたと思います。

つまり、伝統を見直していくことと、未来への展望を開いていくことが、けっして矛盾するのではなく同じとなっていくような思考が求められはじめているのです。

未来についての視野を広くするためには、今から先のことばかりに目を向けようとするのではなく、過去をできるだけ深く掘り下げていくことが肝心なことです。過去の探り下げの深さが、未来の展望をもっと先までのばすことができるはずなのです。

そうした発想に至れば、伝統回帰主義と文明進歩主義はこれまでの対立をやめ、一体化した新しい考えを形づくっていく可能性が出現します。そうした新しい流れが、現在、世界のさまざまな分野で生み出されていると感じます。

そのヒントは、日本に古くからある、「自然もまた、ある意味での意志をもっている」という感覚や考え方です。より古くは、すべての自然物に人間と同じように魂が宿っているという考えがあり、そこからさらに、土地には土地の意志があり、川には川の意志があるという考えに立った、近代のエコロジー(生態学)とは異なる、神社信仰的な、あるいは神道的な自然環境の理念が生まれていったのです。

世界経済や国家社会のあり方、自然環境のあり方を、根本的に価値転換していくべき時代に入っているのではないでしょうか。とくにグローバルな世界資本主義はまさに、その蒔期に入っていると強く実感しています。

だからこそ、「ニッポン」が今、世界的なテーマとして登場しているのです。以下の章では、いまだ多くの外国人には気づかれていないことも含めて、注目すべき日本人の美意識、日本語の発想、生活習慣の特性などに焦点を当てて語っていきたいと思います。

第2章　慈しみの美意識

桜——散るを惜しむ心といさぎよさ

誰にも、満開に咲き誇る桜の花の美しさをこよなく愛(め)でる心があります。そして、だからこそ散るのをいとおしむ心があります。さらに、日本人にはそれにも劣らず、いっせいに散り尽くすそのいさぎよい様(さま)に強く惹かれる心があります。この「散華(さんげ)の美学」ともいうべき心は日本人に特徴的なもので、とくに武士の精神に重要な位置を占めるものといわれてきました。

桜はパッと咲いてパッと散る。一気に栄えたと見るや一気に終息のときを迎える。未練を残すところがない。永遠に咲き誇ろうとはしない。しかもその散りぎわが格別に美しい。そこが古くから日本人に好まれ、散りぎわの美しさは日本的美学の大きな柱の一つともなっています。

散りぎわの美しさをことに愛(め)でるようになったのは、中世以降のようです。古代では、散るのをいとおしみ、哀しみつつ受け入れていくなかで、「もののあはれ」を感ずる心が優勢だったことがうかがわれます。

日本神話には桜に特徴的な性格が、「天から降臨したニニギノミコトと地上のコノハナノサクヤヒメ（木花之佐久夜毘売）との出逢いの条」（『古事記』『日本書紀』）に描かれています。コノハナ（木花）は桜を意味すると理解されていて、この神話では次のように、人の命がなぜ短い（はかない）ものであるかの由来が語られています。


天から地上世界に降りてきたニニギノミコトは、コノハナノサクヤヒメと出会って求婚しました。コノハナノサクヤヒメの父親オオヤマツミはこれを喜び、コノハナノサクヤヒメと姉のイワナガヒメ（石長姫）を共に貰って欲しいと二人の娘をニニギに差し出しました。ニニギはコノハナノサクヤヒメと一夜のちぎりを結びますが、姉のイワナガヒメが大変に醜かったので、これを嫌って親元へ帰してしまいました。オオヤマツミはこれに対して大いに怒り、ニニギにこう言いました。

「私があなたにイワナガヒメを遣わしたのは、あなたの一族が常に石のように、永く堅くあるようにと願ってのことでした。そしてコノハナノサクヤヒメを遣わしたのは、木の花が栄えるように豊かに栄えていただきたいためでした。しかしあなたは、イワナガヒメを帰したのですから、あなたの一族では今後、木の花のもろさ、はかなさがまさっていくことでしょう」

神話は「木花(このはな)の移り落ちるように」「木花のただ遷移(せんい)するように」、あなたの子孫や人民の命ははかないのです、と伝えています。人の命は桜の花がそうであるように、美しいゆえにははかないものなのだ、だからこそ大切なものなのだ――という、自然とともに生活を送っていた太古の昔からのいい伝えなのだと思います。こうした感受性が、やがて生じていく「もののあはれ」の美意識の起源にあるものかもしれません。

桜は古くから歌に歌われていて、『万葉集』には桜の登場する歌が四十数首あるそうですが、なかでも散るのを惜しみ・いとおしむ歌が多いといわれます。

「桜花　時は過ぎねど見る人の　恋ふる盛りと今し散るらむ」（『万葉集』一八五五番）

〈まだ散るときではないのに、桜の花は自分を恋してくれる人がいるうちに散ろうとして、今散ってしまうのでしょう。ああ散らないで欲しいのに〉という気持ちが込められた歌です。

このように散るのを惜しむ古歌が少なくないのは、桜が古くは稲作の豊凶を占う花だったことと関係するのではないかとみられています。桜の花が早く散るとその年の稲の稔りがよくないとされましたので、早く散らないようにと願ったのでしょう。

中世以降の桜が登場する伝統文芸には、理想的な感情としての愛惜や憧憬がつきまとっているということがよくいわれます。たとえば、桜を歌った名歌として名高い西行法師の次の歌があります。

「ねがはくは　花のもとにて春死なむ　その如月（きさらぎ）の望月のころ」（『山家集』）

春に桜の花のもとで死にたい、それが自分の願いだというのです。ここにあるのは未練を去った散りぎわの美学といってよいでしょう。命のつきるところは美がきわまるところ……そうありたいという理想が感じられます。

中世以降、桜は死と隣り合わせに生きる武士に重ねられて、乱世に生きた禅僧一休宗純の歌にもみられるように「花は桜木、人は武士」と、その散る姿の清らかさが讃えられるようにもなりました。花も人もその散りぎわが「いさぎよく」（潔く）あってこそ美しいというのは、日本人に特有な感性だと思います。

あまりに有名な「武士道と云は死ぬ事と見付たり」（山本常朝『葉隠』）という言葉がある一方、「死ぬる道においては、武士ばかりに限らず、出家にても女にても、百姓以下に至迄、義理をしり、恥をおもい、死する所を思いきる事は、其差別なきもの也」（宮本武蔵『五輪書』）との言葉もあります。死にあたっての「いさぎよさ」は民衆一般に共通するものとしてあり、武士はこれを自らの心組みの根本としたのだったでしょう。

ちなみにいえば、韓国の国花はムクゲです。ムクゲは夏から秋にかけて咲いては散り、咲いては散りを繰り返します。そのしぶとさ、その容易に散り去ってしまわないところが韓国人には好まれているのです。

世阿弥（ぜあみ）の「花の珍しさ」

日本の本格的な演劇論・芸術論は、能楽の大成者である世阿弥の『風姿花伝（ふうしかでん）』（一四〇〇年頃）にはじまっています。今から六百年ほど前の書物ですが、その内容は古さをまったく感じさせないものです。口語訳で読めば、そのまま現代の芸術論・美学論として、さらには「いかに美しく生きるか」の人生論としても通用するのではないかと思います。こういうのを超時代的な書物というのでしょう。

世阿弥はこの書物について「趣（おもむき）ある姿・形の獲得によって、人々の心から心へと伝わるのが花なのだから、自分はこの本を風姿花伝と名付けたのだ」と述べています。能楽の生命はそうした花にあるというのが、世阿弥の演劇論の核心にあるものです。『風姿花伝』は、「花とは何か」を徹底的に追及した書だといえます。世阿弥はなぜ芸能の生命を花にたとえたのでしょうか。次のような文章があります。

「そもそも花というものは、あらゆる草木において四季折々に咲くものであり、その時節を得た珍しいものだからこそ、身近において楽しみ遊ぶのである。能にあっても人が珍しいと感じる心は、面白い心（興味深いと感じる心）である。花と面白いと珍しいこと、この三つは同じ心である」（『風姿花伝』筆者による現代語）

世阿弥は花が人々の心の楽しみとなるのは、それが時節を得た珍しいものだからといいます。「珍しい」とは、「目新しい、新鮮だ、新奇だ」という意味でしょうが、もともとは「愛（め）でる」から派生した言葉だそうです。

新鮮なものを愛し、心ひかれ、新鮮なものと出逢って感動する心、熱中する心が「珍しい心」なのです。江戸時代に親しまれた著名な句にも「目には青葉　山郭公（やまほととぎす）　初松魚（はつがつお）」（山口素堂）と、季節の初めに訪れたばかりの見新しく新鮮な風物を愛する人々の心持が歌われています。

世阿弥は右の文章に続けて、「珍しい心」のあり方をさらに突っ込んで論じています。

「散らずに残る花などあるだろうか。散るからこそ、咲く時があり、だからこそ珍しいのである。能が不動ではなく、常に動き続けるのも、将来に咲くことを先取りしている花だからと知らなくてはならない。常に動き続けて今とは違う別のものの姿に変化していけば、それが珍しいのである」（同前）

ここにいう「花の珍しさ」は、単なる「瞬間美」のことではありません。無限に再現可能な一回性の美、そうして生命の循環を内部に抱えもって時々に現れる美が、世阿弥のいう花の珍しさです。この「花の珍しさ」は、現実の目に見える華麗に咲いた花の美しさそのものではありません。世阿弥はそれを、常に「将来に咲くことを先取りしている花」（原文では先花）としてあること、といっています。目に目えない生命的なイメージの広がりが生み出す美しさなのです。

花の美しさが目ではなく心で感じ取られているのです。これは、多くの日本人がつぼみの花、満開に咲いている花、しぼんだ花、枯れ落ちた花、いずれにも趣（おもむき）深いものがあると感じる心そのままです。

韓国人、中国人、東南アジア人には、一般に、満開の花こそが美しいのではないか、いまだ咲いていないつぼみの花、もはや咲き終えた枯れ花のどこが美しいのか、という感じが強いのです。つぼみの花も枯れ花も、官能を直接刺激することがないので、美しいという感情が湧き起こらないのです。しかし、美の受け皿は感覚器官ではなく心だというのが、世阿弥なのです。

生け花――神を降ろす草木の美学

日本の伝統生け花は、西洋の色とりどりの花をいっぱいに盛ったフラワーアレンジメントとはおよそ異なります。古典生け花は、線を基調にすっきりと清楚なたたずまいを形づくっています。一章でも紹介しましたが、明治六年にイギリスから日本にやって来たバシル・ホール・チェンバレンは、「ある日本に愛情深い英国人」が日本の生け花にふれて次のように述べたと書いています。

「ヨーロッパでは、野生的にいろんな色の花を一塊に集めることが花束を作るすべてであるが、それと比較すると、日本の生花における枝や葉の線の配列は、計り知れぬほど高度のものである」（『日本事物誌１』東洋文庫）

この英国人は、日本の生け花に高度で繊細な美を感じるといったのでしたが、それに対してチェンバレンは次のような感想を記しています。

「色彩こそ自然の女神が人間に与えたもっとも輝かしい贈物であると考えており、色彩の配合が（中略）人間の芸術の中で最も神聖なものであると思う人びと〔ヨーロッパ人〕にとっては、とうてい受け入れられない意見であろう」（同前）

芸道としての生け花のはじめは十五世紀中頃で、当時は花を立てることから立花（立華とも）と呼ばれました。「花を立てる」というのは、先にも述べましたが、そびえ立つ樹木の先端に神々が降臨するという古くからの自然信仰に発するものといわれます。

国文学者・民俗学者の折口信夫（おりぐちしのぶ）は次のように書いています。

「神が天から降りて来られる時、村里には如何にも目につく様に花がたてられて居り、そこを目じるしとして降りて来られるのです。だから、昔の人は、めいめいの信仰で自分々々の家へ神が来られるものと信じて、目につくやうに花を飾る訳なのです」（「日本美」『折口信夫全集・第十七巻』）

花を立てるとそこへ神が降りてくる。日本には、神を迎えるために花を立てるという信仰習俗が古くからありました。神が村に豊饒をもたらせにやって来ると信じられたからです。だからこそ、村人たちは花を立てて神を迎えたのです。花を介して村を訪れた神（の霊）は、「賓客（ひんきゃく）としての神＝客人神」あるいは異界から訪れた「異人神」とみなされて村人たちから歓待を受けます。神と人とが共食する宴会が開かれ、宴会が終わると神は再び村の彼方へと去って行きます。そう信じての神人饗宴の祭事が、今なお各地で行なわれているお祭りの核心にあるものです。

花を立てるという場合の花は、花房の付かない草木をも含んでいます。門松などもその花の一つです。そこから、室町時代に立花（たてはな）と呼ばれる挿花（さしばな）が生まれ、やがて江戸時代に生花（せいか）と呼ばれる現代に至る生け花の様式が整ったのです。

生け花は、神を迎えて花を立てた村の人たちの信仰習俗に由来していますが、仏教の伝来とともに、日本にも仏に花をささげる供花（くげ）の習慣が生まれました。ただ、大陸での供花は、神々が降臨する依代（よりしろ）ではなく、仏前を華やかに飾る装飾としての花でした。日本の供花はおそらく、神聖なる草木花をもって神聖なる仏前を美しく飾るという、二重の意義をもつものとしてはじまったのでしょう。後の生け花も、この供花が出発点となったようです。

古代には『枕草子』に「縁廊下の欄干の下に大きな青い瓶をすえて、桜のとても趣のある五尺ほど（一五〇センチほど）の枝を数多くさし……」とあるように、貴族たちが開放的な寝殿造建築の軒先に、「美しい花だけをよろこんで」飾り、鑑賞していたようです。庶民の間でも、野山からきれいな花をつんできて、縁や軒先を飾ることが行なわれていたものと想像されます。

やがて室町時代から、障子や襖で部屋を区切る書院造の建築がはじまると、「野山水辺の自然のままの姿を室内に現わそう」との思いで、花は室内に飾られるようになり、広く日本人の心のなぐさみとして行なわれるようになっていったのです。

中国でも花を瓶にさすことは、南宋（一一二七～一二七九年）の文人たちなどの間で行なわれました。また朝鮮半島の王朝にも供花の習慣がありました。しかしながら、いずれも日本のように花をさし立てる風趣が一般庶民の間にまで広がることはありませんでしたし、神々が降臨する依代といった神聖観をうかがうこともできません。

なぜ日本人は、旅に出て自然の風物を望見して楽しんだり、風景画を描き鑑賞したりするのとは別に、自然物を素材にした自然の再表現に執心し続けてきたのでしょうか。何よりもいえることは、「自然を生活の身近におきたい」という欲求の強さだと思います。

日本では「住居＝文化の領域」と「野山水辺＝自然の領域」が至近距離にあるのに、なおも日本人は自然を宅地や部屋の内部にまで招き入れずにはおかないのです。中国人や韓国人のように、文化は文化、自然は自然という別領域の意識には、どうにも耐えられないようです。

生け花の出発点にもあったように、日本人には草木花への神聖観が意識のどこかに残っているように感じられます。一本の木を伐り倒すのにも、「伐らせていただく」といってみたり、祈りをささげたりすることが、今でも普通にあります。自然崇拝というよりは、自然の風物を人間と同じ、対等な生き物のように扱っているのです。花に話しかけたりする人も珍しくありません。

庭――見立ての妙

日本列島の人々は、縄文時代には平地が少なかったため、主として山間部に生活し、弥生時代から海水面が後退して平野部が広がっていくと平地に降り、野を切り開いて造られた田畑の近在に居住するようになっていきました。野の花をつんで軒先に飾ったり、住居の敷地に庭を造ったりするようになったのは、おそらくはその頃からのことだったのでしょう。

韓国で名庭園といわれるところの多くは、日本でいえば自然公園のようです。こんもりと茂った高い木々の間に続く道をしばらく歩きながら、日本人が連れの韓国人に、「お庭はどこにあるのですか」と聞くと、その韓国人は、「ここが庭ですよ」と答えた――。そんなエピソードがまことしやかに語られるほど、韓国の庭は眺める庭ではなく自然景観の内部を散策する庭です。

散策の気持ちは、かつて自らの領地である荘園や付属の山林を巡回した領主のそれのよう、といえばいいでしょうか。林の道を抜けると、やがて池が現れ、丘が現れ、小川のほとりに小さな茅葺小屋が現れてきます。そこには、文化の眼差しを持って化外の地を愛でている自分がいるのです。

西欧や中東の典型的な庭園で目につくのは、たとえば、バラのアーチ、そこをくぐりぬけてのレンガづくりの花壇の並び、その間を縫って続く石畳の回路、タイルや切石などで正確に四角や円の形につくられた噴水、青い芝生を敷き詰めた空間の角々に立つ石像彫刻など……。そこでは、あちこちから切り出してきた自然を素材として、形状、色彩、模様などの結合が考案され、自然から自立した一個の造形空間が構成されています。そこにあるのは、文明（シビリゼーション）そのものです。

それに対して日本の庭は、韓国の庭のように自然景観をできるだけ忠実に模したものでも、西欧や中東の庭のように自然景観からの分離を浮き立たせているものでもありません。日本の庭は、自然景観を見立てたもう一つの自然景観、いってみれば仮想現実＝バーチャルリアリティとしての自然景観です。どこまでが自然なのか、どこまでが文化なのか、その分離を感じさせない空間なのです。

日本庭園の最大の特徴は、石を「組む」ことによって景観を造り出していくことにあります。世界最古の庭園書といわれる『作庭記』という平安時代の書物に、さまざまな石の組み方が書かれています。

庭の石組みでは、たとえば中国の神仙思想で説かれる三神山の一つである蓬莱山を表現したり、不老長寿の意義から亀島や鶴島を表現したり、仏教の宇宙観で世界の中心にそびえるとされる須弥山（しゅみせん）を表現したりします。どれも人間にとっての理想的な世界を表わしたものなのです。

石組みは古くは立石（りっせき）と呼ばれたように、組むというより立てるという意識で行なわれていたのだろうと思います。生け花も古くは立花（りっか）といいました。

そもそも、日本庭園の、石を立てたり組んだりすることのルーツはどこにあるのでしょうか。それは大陸文明が伝わる以前、さらには農耕文化がはじまる以前の、縄文時代の文化に求めることができます。秋田県大湯のストーンサークルなど、さまざまな立石・組石の縄文遺跡が各地に見られます。多くが自然の神々の祭場跡と推測されています。

古くから日本人は、海や川、山にある天然の石に、その彼方からやってくる神が宿るとして神意を感じ、「磐座（いわくら）」（神の御座所）として祀（まつ）ってきた歴史があります。神倉（かみくら）神社（和歌山県新宮市）にある巨大石などがその例です。また、神の居ます神聖な場所を囲むように配置した石を、「磐境（いわざか）」といいます。

古くは自然にある大きな石を「磐座」として祀っていたものが、人工的に石を組んで祀ったものも現われはじめ、それが日本庭園の石組みの起源とされます。ちょうど日本の古典生け花が花枝を立てるのは、神の依代（よりしろ）としての聖なる樹木の伝統を受け継いでいるからであるように、日本庭園の石組みは、古来聖なる石を祀ってきた日本人の自然観に発するものといえるでしょう。

伝統的な日本庭園は、自然との間に作庭者の見立てという見えない橋が架かっており、その見立ての妙(みょう)にこそ、生命があると思います。日本の庭というものは、天然自然との間に見立てという精神の橋を架けることで出現する、「もう一つの自然」なのだといえるでしょう。

日本が「恥の文化」ではないわけ

エリザ・シドモアは、第一章で触れた日本紀行を書いて後、自国アメリカの日本人移民制限政策に反対してスイスに亡命し、生涯母国へ帰ることがありませんでした。それほど日本及び日本人を愛したシドモアは、日本人の民族性は「普遍化することも要約することも不可能」だといいます。なぜならば、日本人は西洋人から見ると、「謎と不可解と矛盾」に満ちているからだとして、そのことを次のように表現しています。

「日本人は［西洋人とは］全く類似点のないほど正反対の性格を持ち、かつ矛盾に満ち、ほかのどのアジア民族とも全く類似点がありません。日本人は最高の感受性、芸術性、人間的機知に富み、同時に最高に無感覚で因襲的で無神経です。また最高に論理的で博識で良心的で、同時に最高に不合理で皮相的で冷淡です。そして極めて堂々とし、厳粛で寡黙で、同時に最も滑稽で気まぐれで多弁です」（シドモア前掲書）

ここに書かれていることは、私が来日当初から感じ続けてきたことでもあります。また、今なお同じように感じている外国人は少なくありません。

シドモアの「謎と不可解と矛盾」の糸のからまりを、かなりな程度ほぐして普遍化・要約して見せたのが、『菊と刀』（一九四六年）を著したアメリカの文化人類学者ルース・ベネディクトでした。『菊と刀』は邦訳（社会思想社）されるや大好評を博し、今も日本研究の最重要図書の一つとされています。

『菊と刀』は、戦前に「日本が降伏したら、アメリカは日本をいかに占領統治していくか」を目的に行なった日本人の国民性研究をまとめたものです。日本に来たこともない者の研究とはとても思えないほど見事な理解で、欧米を観測点としたものとしては申し分のないものと思えます。ただ、日本人の精神性の大きな特徴を、「恥の文化」論から導き出していることには異論をもたざるを得ません。

ベネディクトは、日本は「恥の文化」であり、行為の善し悪しは、自分を取り巻く世間から是認されたり制裁を受けたりすることによって決まると論じました。それに対して西洋は「罪の文化」であり、行為の良し悪しは、個々人の内面の心に宿る罪の自覚によって決まるというのです。

ようするに、西洋の社会では、倫理の絶対基準を説いて人々の罪の自覚に訴えていくことで良心が啓発されるけれども、日本の社会では、「そんなことをしたら世間の笑いものになる」という、状況的な外圧に基づいて善行が導き出される、というわけです。

でも、そんなことをいうのなら、韓国や中国の方がいっそう社会的な外圧は強く、日本よりよっぽど「恥の文化」の色彩が強いと私には思えます。日本社会にも、韓国や中国と似た「世間体」を気にする文化的な面が見られるのは確かでしょう。でもそれは、日本人に特有なものとはいえません。多かれ少なかれ、西洋的な個人主義社会とは異なる東洋的な共同主義社会に共通して見られるもの、というべきでしょう。

ただ「日本人の自己のあり方」という観点に立てば、ベネディクトは「あと一歩」のところまで日本人に近づいている、といえそうです。ベネディクトは、「世間の外圧」を「状況」といいかえて、こんなふうにいっています。

日本人にあっては、行為の基準は自分のおかれた状況に応じて使い分けられている、状況の変化に応じて絶えず変化させていくものとしてある――。そのため、同じ人物の行為が一貫せず矛盾しているように見えることになるが、それは実際に当面する個々人の状況に応じる行為の基準が柔軟に設定されているためであり、けっして行為の基準をもたないためではない――。

かなりいいところまでいっているのですが、「行為の基準が柔軟に設定されている」という理解の限りでは、日本人は状況主義者だ、風見鶏だという俗説と大きな違いはありません。私の考えでは、日本人は何かの基準を設定しながら行為しているのではなく、「行為を通じてそのつど、新たな自己やシステム（秩序）を生み出している（再生産している）」のです。別の言葉でいえば、ＴＰＯ（時・場所・場合）にふさわしい自己限定を自然に心して生きているということです。

ようするに、燃え盛る火に応じてはそれと向き合うにふさわしい自己となり、静かな清流に応じてはそれと向き合うにふさわしい自己となる。そんなふうに、環境の変化に応じてよく生きられる自己を、そのつど作っていこうとする動きが、日本人には習い性になっていると感じます。

日本人の自己のあり方は、西洋的な自己のように、相手が火だろうと水だろうと、けっして変わらぬ自己（自己同一性＝アイデンティティ）、という自己のあり方ではありません。きわめて生命的な自己というべきものなのです。

正しい生き方と美しい生き方

それでは、日本では何が善悪の基準になっているのでしょうか。私は常々、それは美意識だといっています。日本人の行動基準は、道徳律から決定される善悪ではありません。何をするのが美しいか、何をするのが醜いか、総じて「どう生きる（死ぬ）のが美しいか」という美意識だと私は考えます。これは、官能的・感覚(五感)的にやってくる美醜とは異なります。

日本語の「美しい」は「慈しみ」の心に支えられています。「うつくし(い)」は古くは「親密な肉親・家族・小動物などへの慈しみの情(愛情)」、広く「可憐な愛すべきものへの情」を表す言葉としてありました。それがしだいに「可愛らしさ」といった意味でも使われるようになり、室町時代の頃から「美」一般を表す言葉として使われるようになっていったことが知られます。

こうした美を求める心によって、どんな姿形・姿勢・態度が「かっこいい」か、どんな生活が「かっこいい」か、どんな生き方が「かっこいい」かが形づくられている――それが日本人だと私は感じています。この美意識＝倫理のあり方は、私の知る限りでは、日本人以外にはまず見られないものです。

ある人の生き方に触れたときに、心の内に「ああ、美しいな」という感動が自然に湧き起こってくることがあります。人間どうしの信頼関係は、道徳や規則を介してではなく、この内なる美的な感動体験の共有を通して生まれていくものではないでしょうか。

実際に、道徳に違反しなければ、正しく生きていること・善であることになるかというと、必ずしもそうはなりません。法律や道徳律の違反とはいえないけれど、きわめて不適切で醜いというしかない行為があります。また、違反になるかもしれないけれども、美しいというべき行為があります。

道徳に枠づけられた人間観よりも、ずっと大きく広く深い人間観が、「どう生きる（死ぬ）のが美しいか」という美意識にはあります。

ビジネスの世界でも政治の世界でも、道徳や法律に違反しなければ何をやってもいいわけではありません。どのようにビジネスをしているのか、どのように政治をしているのか、それが美しい行為といえるものなのかどうか――日本では伝統的にそこが最も問われてきたと思います。そのため日本には、通常の法律や道徳よりも、人間的にはいっそう厳しい倫理観が根付いてきた、といってよいでしょう。だからこそ日本は、今なお世界有数の犯罪発生率の低い国としてあり続けているのではないでしょうか。

露骨・むき出し・あからさまを戒める心

これも美意識に関係することですが、私は日本に来て間もない頃、なぜ日本人はいいたいことをはっきりいおうとしないのかと疑問でなりませんでした。

日本人には、得意げの自慢、「いかにもそうだ」とばかりの見せ方、そのものズバリの表現などをはしたないと嫌う人が多いと思うのです。そういう人たちには、なにげない素振り、無関心・無目的とも見える自律的な態度、それとない装い、遠回しのいい方などが、品格ある好ましいものと感じられていると思います。

こうした、露骨なこと、むき出しなこと、あからさまなことを戒める、日本人に特有な心性は、外国人とのコミュニケーションの現場では、しばしば、「率直でない」とか、「あいまいだ」とか、「冷たい」とか、「気取っている」とか、さらには「何をいいたいのかよくわからない」とかの印象につながることが少なくありません。日本に来たばかりの頃の私も、これで大いに悩んだものでした。

そこには明らかに、これ見よがしに自分を押し出す態度や姿勢を恥とし、できる限りつつましく身を処そうとする謙虚な心がけが働いています。

こういうと、あなたは日本人をよく見過ぎている、単に他人と衝突して面倒なことになるのが嫌で、それを避けようとそうしているだけのことだといった反論を、欧米人や韓国人、中国人などからたびたび受けるのです。日本人自身にもそういういい方をする人が少なくありません。外国にいいたいことをはっきりといわない日本外交のあり方などは、その典型ではないかともいわれます。

しかし私は、この自己抑制とも見える日本人に特有な心性は、人と人との親和で平穏な関係を生み出していくには、他国の人たちにはあまり見られない大きな利点となっていると思います。

日本人は総じて、おとなしく、やさしく、もの静かです。もちろん、そうではないときがあるのですが、そうあることがよき人の姿として心のうちに描かれていて、文化の基調ともなっているのが日本であるのは確かなことだと思います。

「もののあはれ」と物語

日本人の美意識のあり方で「わかるようでわからない」最たるものは、私にとっては「もののあはれ」とか、「わび」「さび」といわれるものでした。というよりも、そこがわからなければ日本人がわからないというほどの、肝心要(かんじんかなめ)なところだと思いました。この美意識は現代日本人にもよくわからなくなっているという人もいます。でもそんなことはなく、今の若者たちの間にも厳然と息づいていると感じられます。

日本人に共通する代表的な情緒は何かといえば、何をおいても「もののあはれ」ではないかと思います。「もののあはれ」とは、本居宣長(もとおりのりなが)によれば「物事にふれて心の底から自然に湧き出てくる感動」です。「もののあはれを知る心」とは、「いくら抵抗しようにも抵抗できない、身のうちから自然に湧き起こってくる感動」を覚える心のことでしょう。

ただ、それがとくに「枯れ葉」とか「苔むした石」とか「花を落とした木」とか「欠けた月」とか「つぼみの花」とか「小さな虫の声」とか、総じて「溌剌（はつらつ）たる生命の躍動」ではなく、「いのちのはかなさ」に触れての感動として生じるところに、「もののあはれ」の最大の特徴があります。いうまでもなくこれは、華やかさに触れての感動ではなく、しめやかな感慨、しみじみとした情趣、あるいは深い悲哀の情に連なる感動です。

日本人の美意識を支える「慈しみ」の心には、古代以来の「もののあはれ」の情緒がやどっています。日本の文化的な伝統は、「もののあはれ」に代表される「自然に生ずる情緒的な心の動き」をとても大事にするところに、大きな特徴があるといえるでしょう。

「もののあはれ」は、言葉としては一〇世紀半ばの平安中期頃から用いられ、『源氏物語』には一二例を見るそうです。私がはじめて『源氏物語』に接したとき、とはいっても現代語訳で最初の方をざっと読んだだけでしたが、最初はなぜこんな不道徳な浮気・不倫物語が日本最高の古典小説として高く評価されているのか、なんとも理解できませんでした。

儒教的な道徳思想に満ちているのが韓国の古典小説の世界です。そのため、『源氏物語』の描く世界が、それとはまったく異なっていることに、大きなショックを受けたのでした。なるほどと思うのですが、江戸時代のモラリスト知識人を代表する儒教学者たちの多くが、「『源氏物語』はことさらに不道徳な男女の色恋や不倫関係を描くばかりで、世の大事な物事については何もいっていない。きわめて退廃的である」といった評価をしていたといわれます。

こうした儒教学者たちの見解に対して、江戸時代の国学者・本居宣長は、次のような反論をしています。

「儒教や仏教は人を教え導く道だから、人情に背いて厳しく戒める傾向が強く、人情のままに行なう事を悪とし、情を抑えて努力することを善とすることが多い。物語は道徳の書ではないので、儒教や仏教でいう善悪とは関わりがない。物語で良し悪しとするのは、ただ人情に適うか適わないかの違いである」

「物語は、ただ人の情のありのままを書き記して、読む人に人の情とはこういうものだ、ということを知らす（表現する）のである。これは『もののあはれ』を知らす（表現する）、ということである。その人の情の様子を見て、それそのままを認めるのを善しとする。これが『もののあはれ』を知るということである。人の哀れなることを見ては哀れと思い、人の喜ぶを聞いてはともに喜ぶ、これこそ人情にかなうのである、『もののあはれ』を知ることである」

「人情にかなわず、『もののあはれ」を知らぬ人は、人の悲しみを見ても何とも思わず、人の憂いを聞いても何とも思わぬものである。このような人を悪しとし、『もののあはれ』を見知る人を善しとするのである」

（『紫文要領』筆者による現代語）

ここで宣長がいっているのは、善悪の倫理やモラルで物語を読んではいけない、物語は哀れさ、切なさ、楽しさ、愛らしさ、憎らしさなど、内面に自然に湧き起こる心の動きを、つまり「もののあはれ」を最も大切なところとして読まないといけない――そういうことでしょう。

「もののあはれ」とは、「その時々の物事や事物や他者との出会いのなかで、自然に心の内に生じてくる感動」に他なりません。この「もののあはれ」を知ることが、人間にとっては道徳を知ることよりも、いっそうのこと大事なのだと宣長はいったのです。日本の文化的伝統の本質はここにあると、はっきり示したものといってよいでしょう。

中国や韓国の文化的伝統では、内面の心の動きではなく、外面(世俗世界)の善悪の倫理・道徳を修得することが最も大事なことです。物語でもその大部分が、不倫などはいうに及ばず、善が栄えて悪が亡びるという勧善懲悪の道徳観に貫かれたものです。韓国伝統の物語のほとんどがこれです。

こうした道徳第一主義は、いやがうえにも人間の内面の心の動きを圧迫し封じ込めてしまいます。そこに偽善が生じることになるのです。

道徳第一主義が偽善を生じるという点が最も明確に現れている文化は、残念ながらアジアでは韓国と中国だと思います。とくに韓国(及び北朝鮮)は、伝統的にも現在的にも、道徳観・倫理観の高さこそ、人間として最も誇るべき立派なものとされ、日頃からやかましく道徳律の遵守がいわれ続けてきた国なのです。だからこそ偽善が横行するのです。たとえば、韓国の詐欺罪の発生率は日本の数十倍で、世界トップレベルにあります。

未熟な生命への深い愛情

衰えて陰りをもった生命、あるいは誕生前の未熟な生命に対して深い愛情を感じ、それを美しいと思う心（美意識）は、そのまま「もののあはれ」の情緒に通じるものです。現代日本人の心のなかにも、そのように「いのちのはかなさ」に触れて感動する「もののあはれ」の情緒は依然として脈打っていると実感できます。

衰えた生命も未熟な生命も、ゆるぎなく完成した不動の生命ではなく、常に生死の循環のうちにある動的な生命です。その動きに自分と同じさだめをもった魂の所在を感じ、感動する。そうした感受性をもとに、日本人の美意識が育まれてきたのでしょう。

春に生命が活発に活動を開始し、秋にはそれが最後の実りを露わにしながら衰えていき、冬には死を迎えるけれども、それはまた春に生命が芽生えていく準備期間でもあります。この生と死を二様に抱えた、生命の終わりであると同時に初めでもある季節が秋という季節です。

春はただ花のひとへに咲くばかり　もののあはれは秋ぞまされる

（読み人しらず『拾遺集』）

現代語に直せば、「春はもっぱら花がひたすらに咲く美しさがあるが、もののあはれを感じるには秋のほうがいっそうまさっている」となるでしょうか。春に堂々と表だって振舞う生命に対して、秋にひっそりと忍びやかに佇む生命が対比されています。この秋に象徴される生命の様子に触れたとたんに、いい知れない感動が湧き起こってくるときがある。その感動が「もののあはれ」というものでしょう。

潑剌としてみなぎるばかりの生命への感動ではなく、衰えゆく生命のはかなさに触れての感動。いまだ花を咲かせることのない幼い生命に触れての感動。人知れず小さく息づいている生命に触れての感動。現代日本人にも普通にある感動でしょう。こうした感動をもたらす美的な感受性が、歴史のなかで発展を遂げ、高度な美意識にまで至り、なおかつ一般の人々の間にまで広まって庶民化していったような事態は、世界の中で日本にしか見ることができません。

この秋という、生と死の入り交じった特異な季節の訪れによって、生命のなんたるかを最も深く感受させせられ、大きく情緒をうちふるわせる感受性こそ、「もののあはれ」の核にあるものではないかと思います。

それは衰えゆく生命それ自体への感動であり、か弱く小さな生命への感動です。そこでは、西洋的なロマンチシズムのように、人間が自分の気持ちを秋へと向けているのではありません。秋の側から人間へ訪れてくるものがある、それを人間が受けている、ということなのです。

衰えゆく生命それ自体への感動、それは、訪れ来る秋の空気の流れを身に受けることで、抵抗することもできず、自然に身のうちに湧いてくる「かなしさ＝いとおしさ」の情緒にほかならないでしょう。

「もののあはれ」を知る心には、生命に限りのあるこの世の物事に対する本質的なやさしさがあると思います。永遠でも完全でもない、無常で不完全な、はかなさや弱さに対する根本的な肯定がそこにあります。か弱い存在との同化へ向かう心があります。身の内のか弱き心を外部に出して他人に訴えるのではなく、密かに内側に抱え込んだままどう生きていくかが、人の世を生きる者の理想とされているのでしょう。

どんな人の心の内面にも、人間の弱さや欠如感覚が宿っています。でも、人間の弱さというものは、心の内側にあってこそ美しいのであって、それを白日の下にさらしてしまえば、必ずや醜いものへと変貌してしまいます。

ああ、「この人のそこに触れたな」と感じられたとき、自分の方に「もののあはれ」の情緒が呼び覚まされています。それなのに、それをことさらに表に出されてしまっては、まったくの艶消し（つやけし）です。だから、言葉に出してほしくない……。心の内面に潜む弱さや欠如感覚は、それを人に見せつけたとたんに醜いものへと変貌してしまいます。秘められた弱さこそが美しいという美意識が、多くの日本人に共通してあるように見えます。

「哀しき」という「いとおしさ」の情

秋という季節に感じる日本人の情緒のあり方は、外国人にはかなり不思議なものです。

「奥山に　紅葉(もみじ)踏み分け　鳴く鹿の　声聞くときぞ　秋はかなしき」(猿丸大夫)

現代語に直せば、「山の奥に散り積もった紅葉の葉を踏み分けて歩きながら鳴く鹿の声を聞くときに、秋はかなしいと感じるものだなあ」といったところでしょうか。それだけのことで、とくに何かを主張しているわけではありません。

そうすると、いったい、こんなただ情景だけを述べた歌のどこがいいんだ、ということになります。確かにそうで、歌に何か内容を求めようとすればするほど、その無意味さが浮き彫りになっていく、そういうのが和歌の特徴といえば特徴なわけです。ですから、西洋近代詩の観点から、「和歌や俳句はまったく芸術とはいえない。無内容で素朴な口ずさみだとしかいいようがない」と主張する人も少なくないのです。

しかし、日本人ならば、とくに和歌の心得などなくても、多かれ少なかれ何か「いいなぁ」と心に響くものを感じるのではないでしょうか。ここでの「かなしき」が単に「悲しき」とか「哀しき」ではあらわせない、独特な「いとおしさ」のこもった情緒であることが、日本語で育ってきた日本人にはよく伝わってくるでしょう。そして、この歌と共通の感受性が自分にもあることに気づかされると思います。

一方、西洋人や中国人・韓国人などのアジア人が感じる「秋のかなしさ」は、かつてあった栄光、二度と帰らない輝かしい過去、ありし日の恋人との幸せな時などを思う、ロマンチシズムでありセンチメンタリズムであるのが普通です。ようするに、秋になるとすべての生命が衰えてしまうことに自分の感情を同調させ、若き日の恋人との生き生きとした愛の交換など、そういう過去の「栄光」が今はないという悲しさ・寂しさ・悔しさ・辛さを、生命の衰えた秋の季節に思うという、過ぎし日への愛惜の情なのです。

日本人にあるのは、それとは異なる「衰えゆく生命それ自身への感動」です。こういう感じ方を他の多くの国々の人たちもしていると思ったら、大きな間違いをすることになります。

秋という、生と死の入り交った特異な季節の訪れによって、生命のなんたるかへの思いを深めさせられ、大きく情緒をうち振るわせる感受性こそ、「秋ぞかなしき」の感受性だといえるでしょう。

萎(しお)れた花が落ちている庭の興趣(きょうしゅ)

「もののあはれ」は仏教的な世界観から生まれたものとみる考え方があります。確かにいのちのはかなさを思う感情は、仏教的な無常観にもあるでしょうが、けっして同じものではありません。仏教は、この世に永遠なるものはなく、すべてが生成と消滅を繰り返す無常なるものとしてあることを説きます。この世のいのちとは、そうしたはかないものですが、仏教はそこで生死を超えた仏の世界へと人々を導いていきます。

儒教では天から与えられた生命の完璧な発現の方へ向かいます。また道教では不老不死の仙人への道を理想とします。キリスト教が永遠の生命を信じる方向性を示すことはいうまでもありません。

いずれの場合も、「はかないいのち」の超越が説かれます。しかし、「もののあはれ」では、この世のいのちのはかなさが、そのまま受け入れられ、美的な感性を強く刺激することになるのです。

仏教的な無常観からこうした美意識が生じたのではなく、もともと日本にあった自然に対する感受性に基づいた情緒が、仏教的な無常観と結びついて「もののあはれ」となった。私はそう考えるのがよいと思います。そこからさらに、中世以降は簡素な趣を愛(め)でる「わび・さび」という美意識が派生し、やがては日本独自の美学として、人々の間に広く根を下ろすまでになった。そうに違いないと思えます。

日本に古くからある、万物は「誕生し衰え死を迎え再び誕生し……」と巡りに巡り、永遠に生々流転(せいせいるてん)する大きな流れのなかにあるという、古くからの自然観。すべての存在は因縁を抱えた一時的な存在であり、常住不変ではないとする、新しくやってきた仏教の無常観。この二つが深く結びついて「もののあはれ」の美意識へと発展していったのです。

「花は盛りに、月は隈なきをのみ、見るものかは。……咲きぬべきほどの梢、散り萎れたる庭などこそ、見所多けれ」(『徒然草』下　第一三七段)

満開の花や満月の月だけが見るに値するとはいえない。すでに花が散ってしまって、これから咲こうとしている木々の枝、すでに散って萎れた花が落ちている庭などこそかえって見所の多いものである――。こうした美意識は現代日本人にもそのまま通じるものといえましょう。

満開の花もいいし、満月もいいけれども、花が散ってしまった木の枝もいいし、十三夜のちょっと欠けた月もいい。萎れた花が散っている庭にも、格別のものがある。こうした美意識が喜ばれ、それが芸術表現ともなったり、またごく一般の人々の間にすら共通に浸透しているようなことは、世界広しといえど、日本人の間にしか見ることのできないものです。

外国でも、ときたまこうした芸術表現に出会うことはあります。でもそれは、特殊な、どちらかというと少々厭世的な高級芸術家や高級文士などに限られたもので、日本のようにごく普通の庶民の間に見られるものではありません。

自然と人間を同じに考えた時代の記憶

角田忠信氏の研究によれば、日本人（日本語で幼少期までを過ごした人）は、自然の音や母音を言語脳（左脳）優位の状態で聴いており、欧米人などはそれを非言語脳（右脳）優位の状態で聴いていることが、実験的に確認されています（角田忠信『日本人の脳』大修館）。

この研究結果からすれば、日本人は川の流れの音、虫の音、風の音などの自然の音を、直接言語と同じように受け入れて聴く体験をしていることになります。この研究には批判も少なくないようですが、「日本人は自然の音を、あたかも人間の言葉であるかのように受け止めている」ということは、私にはよくわかるような気がします。

日本では夏や秋になると、虫の音（ね）を聞いて楽しむ文化が大変にさかんです。こういう文化は、少なくとも現在では、日本だけのことだと思います。

また日本人は、虫の音を聞いて、あれはマツムシだとかスイッチョだとかコオロギだとか、ものすごく敏感に聞き分けています。こういう感覚は欧米人も中国人・韓国人もまったく発達していません。

私自身、韓国の田舎の出身で、さまざまな虫の声を聞いて育っています。それでも、それぞれ細かく聞き分けるような文化は韓国にありませんでしたし、私にしてもいまだによく区別できません。

そのことに関連して、「あっ、日本人はここが違うな」と思ったことは、『源氏物語』などの古代文学に登場する人々の、自然の音に対する感受性の強さです。

たとえば、悲しくなるような場面でもないのに、虫の声を聞いたとたんに、主人公はなんの理由もなく、いたたまれないほどのもの哀しい気分におちいってしまうのです。これがよくわかりません。

自分の気分と自然の音が同調して、怖くなったり、悲しくなったり、うれしくなったりすることは私にもあります。韓国でもそういう詩はたくさん書かれています。

しかしその場合は、人間の気分がリードして自然の音を引き込むのであって、その逆ではありません。虫の鳴き声を聞いて哀しくなったとすれば、なにか哀しくなる理由があってそうなるのです。光源氏のように、理由もなくいきなり哀しくなる、などということはありません。

日本人が、自然の発する音を人間の言葉のように受け止めているとすれば、日本人が意識の奥底で、自然物や自然現象を人間のように感じていることを物語っています。

考えられることは、日本語を環境とする日本文化では、古い時代に自然を人（神）のように見なした意識のあり方が、言葉のシステムや習慣行動が保存装置となって、延々と消えずに残ってきたのではないか、ということです。そこに、自然の音に対して日本人の脳が特異な働きをみせる理由もあるのではないでしょうか。

かつて人類には共通に、自然物や自然現象を人と同じように見なした時代があったと推測されます。一般にはそれを自然信仰の時代ということがありますが、正確には信仰となる以前の、自然＝人間という対等な意識に根ざしたものと思われます。

こうした自然意識は、人類学の報告などからすれば、一章の最後のところで述べた、アジア的な農耕社会よりも古層に属する、原始的な狩猟採集社会を発生源とするものと考えてよいでしょう。日本でいえば縄文時代にまで届くことのできるものでしょう。

そういう気も遠くなるような時代での自然意識が、なんらかの形で日本人の心のなかに保存されている、そう考えるしかありません。未開民族ならばいざしらず、この世界的な超先進国日本に生きる人々のことなのですから、どんな条件があって保存されてきたのか、大きな興味をかきたてられます。「日本人が抱えもつ世界の深み」が、尋常のものではないことが、ここからも想像されます。

第3章　日本語が保存する原初の心

言葉の生命と言葉の心

新しく生まれる言葉がある一方で、使われなくなって死語と化す言葉があります。言葉はまるで一個の生き物のようなところがあります。

人々の間を活発に行き来する言葉があれば、特殊な場にしか登場しない言葉がありま す。詩のように美しい言葉があれば、法のように厳密な言葉があります。若々しい言葉があれば、老熟した言葉があります。豊かに肥えた言葉があれば、やせ衰えた言葉があります……。

そんなふうに、言葉が生き物のように感じられるのは、人間や動植物と同じように、言葉のなかにもある意味での生命が封じ込められているからに違いないでしょう。

少なくとも、生命力の強い言葉があり、生命力の弱い言葉がある——そんな感じは誰にでもあると思います。おそろしく古い時代から、現在もなお変わることなく使われている言葉。いきなり登場して活発な展開をみせたかと思うや、すぐに消え去ってしまう言葉。そんなとき、言葉のなかに生命の働きを感じないではいられません。たとえば、「お母さん」という言葉の意味は、どんな人にも共通する「私の女親」です。しかし言葉の生命の観点からすると、言葉の働きは個々人によって異なってきます。その人が発する「お母さん」という言葉の生命が、豊かにあれば言葉は強い力をもちますが、貧困化していれば弱々しい力しか発揮できません。

同じことが共同社会についてもいえます。

「お母さん」の一言が、どんな人に対しても、情感に深く染み通る力をもって迫ってくる、ある時代・ある社会があります。しかし別のある時代・ある社会では、「お母さん」という言葉はほとんど情感を刺激する力をもてずに、「私の女親」という意味以上のものではなくなっている――そういうことがあり得ると思います。

私たちが暮らす現在の情報社会は、そうした「意味だけとなった言葉の世界」へと落ち込んでいく危険性を多分にはらんでいます。厳密な意味伝達機能の働きが強ければ強いほど、言葉の心は豊かな広がりや深みを発揮し難くなっていきます。言葉の心の貧困化がもたらされ、言葉の生命力はしだいに衰えていくしかありません。

そういう事態が、現在では世界的に進行していると思います。

言葉は外的な意志伝達のためにだけあるのではなく、内的な心のコミュニケーションのためにもあります。日本語の心が貧しくなれば、それだけ日本人の内的な心のコミュニケーションは衰亡していくことになるでしょう。もちろん、私たちが望むのはその逆のことです。

言葉はいうまでもなく文化の最も肝心な要素の一つです。そのため、当然ながら、日本語の意味の広さや深さがわかっていくと、日本文化の見識が深まっていくことは少なくありません。また逆に、日本文化への見識を深めていくと、関連する日本語の意味の広さや深さがわかってくることも少なくありません。

とくに伝統的な習俗にかかわる言葉、日本人に特有の精神性を表すとされる言葉、日本語特有の言い回しや文法にかかわる言葉などへ分け入っていくことで、日本文化を支える日本人の心のあり方が、外国人にもかなりわかってくるように思われます。

海と生むと母

日本語を環境とする日本文化では、古い時代に人間と自然（神々）を対等なもの、同じものと見なした意識のあり方が、日本語の体系や習慣が保存装置となって、延々と消えずに残ってきたのではないか、と私は思うのです。

言葉が生命的な働きをすることから、古くは言葉には魂がこもっていると考えられました。もちろん現在でも、私たちが親しく言葉を交わし合うときにはいつも、言葉にこもる心（魂）を実感しているのです。

たとえば、ウとミの音を続けて「ウミ」と表現することで「海」が指示されます。と同時に、「ウミ」という音節は単に「海」という「もの」を指示しているだけではなく、ある広がりや深さをもった心の内容とわかちがたく結びついて表現されているはずです。

ここで「はずです」というのは、「ウミ」は「海」でもあり「生み」でもあるのではないかという、連想的な直感に基づいています。一つには、人間にとって海は古くから、あらゆる生命を生み出す源とも考えられてきた、という意識からくる直感です。島国日本ではなおさらのこと、海に生命の源を思う心が強く込められていることは、古い信仰や今も行なわれている各種のお祭りからも容易に察することができます。

しかしながら、国語学の上で「ウミ＝海＝生み」が同じ一つの言葉だと確定できる証拠はないようです。学問的には「ウミ＝海＝生み」は、語呂合わせ以上の何ものでもないかもしれません。そうでありながら、これらが一つの言葉ではないかという直感には、避けがたいリアリティがあるのではないでしょうか。

日本の民間信仰や民俗を訪ねれば、「ウミ＝海＝生み」はまぎれもない真実と思えてくるのです。「海」という自然を思う心が「生命を司る母神」を思う心でもあるような、そういう言葉のレベルがあると思えます。

海を指す言葉には、ウミの他にアマ（アメ）があります。アマは天をも意味します。どちらも同じアマと呼ぶことがあるのはなぜなのでしょうか。ウミ、アマは音韻転訛の関係で、元は同じ言葉だともいわれます。

さらにいえば、海神をワダツミというように、海にはワタというもう一つの呼び名があります。和多(わだ)、渡(わたり)、渡部(わたなべ)、度会(わたらい)などの姓は、いずれも「海＝ワタ」に由来するものとされます。

韓国語では海をパダといいますが、ワダとほとんど同じ発音ですから、パダもワダも古くは同じ言葉だったのかもしれません。なお韓国語で天はハヌルといい、これは日本語とは関係なさそうです。

「ウミ＝海＝生み」は母という言葉とも関係してくると思います。ハハは、古くはファファと発音され、さらに古くはパパと発音されていたと考えられています。中世末に日本にやって来たイエズス会宣教師が十七世紀初頭にまとめた『日葡辞書』では、母はFafaあるいはFauaと記されています。そこには、P音→F音→H音という音韻転化の流れがあるのです。

なぜお母さんがパパなのか不思議ですが、それはおそらく、お母さんのお乳を赤ちゃんがオッパイ、パイパイと呼ぶことに発していると思います。アイヌ語では母はハポですから、日本語のパパ、ファファ、ハハ系に連なる言葉といえます。

日本語の「お母さん」は、H系のハハとは別に、英語のマザーなどと同じ世界的に広く見られるM系の呼び名もありました。『万葉集』でも多くは「お母さん」のことを「ハハ」と記していますが、東日本方言である「あずまことば」では、「オモ」「アモ」と記されています。韓国語の母＝オモニとほぼ同じなのです。また沖縄方言にはアンマーがあります。

日本語の古層を形成するといわれる琉球語はA、I、Uの三母音ですが、今でも沖縄ではクモ(雲)をクムと発音するなど、三母音時代の発音が色濃く残っています。仮にこの三母音言語で「オモ」を表現しますと「ウム」となります。そのことから、「ウミ＝海＝生み」は「母＝オモ＝ウム」でもあったといえるかもしれません。

なお宮中では、父親(天皇)を「オモウさま」、母親(皇后)を「オタアさま」と呼び慣わしてきたのですが、この場合の「オモウ」は「母屋に居る方」を、「オタア」はその「対屋に居る方」を指す意味からの言葉だといわれます。

「美しい」の心とは？

「うつくしい」を漢字で書けば「美しい」となります。漢字の「美」の意味は日本語と同じ「うつくしい」です。しかし、意味は同じでもその心は大きく違うようです。

一般の漢和辞典を引いてみますと、「美」という文字は「羊」と「大」を合わせた文字で、もともとは「肥えて大きな羊」を指し，そこから「うまい」や「うるわしい」が、さらには「よい」とか「めでたい」とかの意味に用いられたと述べられています。

羊は中国では八〇〇〇年以上前から飼育されていたといわれます。この羊という文字から美という文字が作られたことからも、大陸北部の遊牧生活で羊がいかに貴重な家畜だったかがわかります。

日本の白川静氏は、漢字の字源をさらに民俗生活・民間信仰にまで追い求め、中国人が解明し得なかった、いっそう深い漢字の字源を明らかにしています。そこで白川氏の漢字小辞典といえる『常用字解』(平凡社)を見てみますと、「羊」は「羊を正面から見て、その角と上半身を写した形」であり、「美」は「羊の角から後ろ足までの全体を上から見て写した形」だとされます。

ようするに、神に供える犠牲として、どこにも欠如のない完全な羊の形が「美」であり、そこから人間の徳行や自然風物の美しいことを意味するようになったというのです。

また、古い時代の中国では、羊は神事に用いられることも多く、「羊神判（ようしんばん）」によって祥（しょう）（めでたいこと、喜ばしいこと）や吉兆（きっちょう）、瑞兆（ずいちょう）を占ったといいます。そうしたことから、善・義・祥・洋・翔・鮮などの「羊」を含む文字が作られることにもなったそうです。漢字の「美」は完全であることを示し、美が人間の徳行をも意味するというのは、私にはとてもよく理解できます。韓国では「完全さ＝美しさ＝道徳的な正しさ」となります。道徳的に正しいことが美しいことであり、それは同時に完全であることを意味します。これが中国・韓国に共通する儒教文化・社会にとっての「美の心」なのです。

それでは、日本文化・社会にとっての美の心とはどんなものでしょうか。

国語辞典で「うつくし」の古代の用例を見てみますと、主として「親密な肉親・

家族・小動物などへの慈しみの情（愛情）」を表わす言葉だったことがわかります。そして、それがしだいに「可愛らしさ」といった意味でも使われるようになり、室町時代の頃から「美」一般を表す言葉として使われるようになっていったことが知られます。

それでは、現代日本語では「うつくしい」はもはや「美」一般を表す言葉とだけ意識されていて、古くからの「可憐な愛すべきものへの情」を表す言葉としては意識されなくなっているでしょうか。

現代といっても昭和初期のことですが、島崎藤村の詩のなかには古くからの「うつくし」の使い方が見られます。それは、「美し」と書いて「うるわし」と読ませ、仮名で「うつくし」と書いて二つの言葉を区別して用いている次の一節です。

粧（よそほ）ひすれば美（うるは）しの
いや美（うるは）しくみゆるごと
げにあたらしき春衣（はるぎぬ）の
君のすがたぞうつくしき

（『藤村詩選』角川文庫所収「四つの袖」二十八／一九三一年より）

「うるはし」は「麗し」とも書かれるように、「整った美しさ」「あでやかな美しさ」をいう言葉です。最後の「君のすがたぞうつくしき」はそういった美しさではなく、明らかに「可憐な愛すべきものへの情」を示したものといえるでしょう。「美し」で外見的な美を讃え、「うつくし」で作者の心情を表したものと理解できます。「うつくし」はここでは単なる一般的な「美」ではなく、自分が心を惹かれている大切な人の「愛らしいうつくしさ」の表現となっています。

それから八十数年後の現在では、藤村のように「うつくし」と「美」の違いをはっきり意識して使うことは、ほとんど見ることができないかもしれません。それでも、たとえば秋の紅葉を見て「うつくしい」と感じたときの日本人の心は、「可憐な愛すべきものへの情」に深く満たされているのではないでしょうか。

何かを見て思わず「うつくしい」と言葉に出るのは、色彩がきれいだという感覚的な美をいいたいからではなく、心に湧き起こった感動が自然と言葉になって口をついて出てくるからでしょう。そのとき「うつくしい」は、概念や理念ではなく、心の内を表現する言葉となっています。強いて漢字にあてれば、「慈しい」とか「愛しい」がふさわしく、漢字語では「慈愛」にきわめて近い心といってよいでしょう。

「うつくしい」には、かつて慈や愛を表した言葉の歴史がしっかりと保存されているのです。これは「うつくしい」に限ったことではなく、多くの日本語（和語）についていえることです。

「ありがとう」「ごめんなさい」

以前の私もそうでしたが、来日して二、三年くらいの韓国人留学生から、こんな感想を聞かされることがたびたびあります。

「日本で生活していると、何だかお寺に入って心の修行をしているような気持ちになってくるんです」

どういうことかといいますと、日本人はほんのちょっとしたことでも、頭を下げながら「ありがとう」「ごめんなさい」を連発する、まるでお坊さまのようではないか、ということなのです。

それでどう感じるのかと聞きますと、最初は「お坊さまでもないのにお坊さまのふりをしている、偽善者ではないかと感じることもあった」といいます。しかし「郷に入れば郷に従え」というわけで、日本式に「ありがとう」「ごめんなさい」を頻繁に使うようにしていくと、だんだん本当にそういう気持ちになっていく、ほんの小さな物事についても、率直に他人に感謝したい、自分の至らなさを素直に示したい、という気分になってくるのだというのです。

かつての私にしても、これとまったく同じ体験をしたものです。第一章で触れたオーストラリア人のアリスさんも、「日本人の些細な礼儀をたくさん受けていると、しだいに自分たちも礼儀正しくなっていく」といっていました。

道を歩いていて人とすれ違い、その際にぶつかってしまったとします。そんなときに、韓国では、まずは自分は悪くない、悪いのは相手だという気持ち・態度を露わにします。それで「あなたが悪い」「いやあなたの方が悪い」と口論にもなりがちですから、韓国の町なかではわずかなことで喧嘩をする場面がとても多いのです。

これが日本人となりますと、まずは双方から「ごめんなさい」「いや私こそごめんなさい」と言葉を交わすことがしばしばです。そこでは、相手も不注意だったかもしれないが、自分にも不注意があった、そういう気持ちがすぐに働くようです。

ちょっとしたことでも、日本人は「ありがとう」というので、以前に「日本人はなぜそうなのか」と知り合いの日本人に聞いてみたことがあります。するとその人は、「いや、それは戦後欧米の影響を受けて、サンキューと同じようにありがとうと使うようになったんですよ」といっていました。とても、そうとは思えませんでした。

戦後の韓国は米軍の影響を多大に受けました。でも、そのために、韓国人はちょっとしたことでも「カムサハムニダ」(ありがとう)というようになったかといえば、そんなことはまったくなかったのです。

「カムサハムニダ」は、日常的にそれほど多く使われる言葉ではありません。これを使う相手は親しい間柄ではなく、それなりに距離のある間柄なのが普通です。知り合いになって、いつまでも「カムサハムニダ」を使っていますと、水くさい、冷たいという感じになって、仲良くなることができないのです。親しいと思っている相手に、頻繁に「カムサハムニダ」を使われると、韓国人にはとても寂しく思えてしまうものなのです。「ごめんなさい」(すみません)は、軽いいい方から重いいい方の順でいいますと、ミアンヘヨ(未安だ—ごめん)、ミアンハムニダ(未安です—ごめんなさい)、チェソンヘヨ(謝罪する—申し訳ない)、チェソンハムニダ(謝罪します—申しわけありません)といった具合です。これらの言葉も、日本のように頻繁に使うことはありません。

韓国では日本とは違って「親しい仲には礼儀なし」がよいのですが、自分と相手の区別が明確ではない幼い子どものような、自他未分離の関係にもなりがちなのです。

お陰さま

このへんがわかってくると、「ありがとう」とともによく使われる言葉、「お陰さま」のニュアンスもなんとなくわかってきます。

たとえば、会社の創立記念日などで韓国の社長が挨拶をするとしたら、「私はかくかくの苦労を乗り越え、かくかくの努力をしてきて、これだけの立派な企業を築き上げてきました」というように、まず「自力」を前面に出すいい方をするものです。しかしこれが日本人の社長ならば、必ずといってよいほど、「みなさまのお陰で」と「他力」を前面に出すいい方になってきます。

この場合の「みなさま」は実際には社員だったり、出資者だったり、取引先だったり、消費者だったりするのでしょう。でもそこには、単に具体的なそれらの人々ということだけでは納まりきらない、もっと横断的で茫洋たる広範さをいっている、という感じを受けざるを得ません。

韓国でも、「みなさんの徳沢（トクテク）を得て」といういい方をすることがあります。しかし「徳沢」とは、具体的な他者から得た恵みや恩沢についていう言葉で、「お陰さま」のように、目に見えないどこか人為を超えたような力までは含んでいません。かといって「お陰さま」は、キリスト教のような「唯一絶対の神」の力でもありません。

「お陰さま」をひとことでいえば「自然力の作用」というしかないものだと思います。日本人は、何もお坊さまのように生きようとしているのではなく、あらゆる他者性のなかに自然力の作用を感じて生きること、それを生活の理想としているのだと、そういうべきではないのかと思います。

日常会話としての日本語がなんとか身についた頃でも、「お仕事はうまくいっていますか?」と聞かれて、「はい、お陰さまで」とはなかなかいえませんでした。本心では、「自分の努力でうまくいっているんだ」と思っているからです。でも、こういういい方は日本の習慣なのだから仕方がない、今度こそうまく使ってやろうと意識的にやっているうちに、いつしか「お陰さまで」と口をついて出てくるようになっていきます。そうすると、実に不思議なことに、本当に「お陰さまで」という気持ちになってくるものなのです。

最初は単に「受けた援助への感謝の気持ち」程度の意味と思っていたのですが、どうもそれだけでは納まらない言葉だ、という感触がずっとありました。やがて、「ああ、こういうことなのか」と理解できたと思えたのは、夏目漱石が文明開化を論じるさいに使った「内発」という言葉に接したときでした。

「……内発的と云うのは内から自然に出て発展するという意味でちょうど花が開くようにおのずから蕾が破れて花弁が外に向うのを云い、また外発的とは外からおっかぶさった他の力でやむをえず一種の形式を取るのを指したつもりなのです」(「現代日本の開化」明治四十四年八月の講演)

内発的な働きとは、蕾が開いて花が咲くのは、その植物自身の働きであるけれども、それは同時に自然力の作用を受けての働きである——と理解できます。夏目漱石は、現在の文明開化期の日本は外発的になってしまっていると批判します。西洋の発展は当然ながら内発的なものであるが、近代以前の日本もそれと同様、内発的に発展してきたのだ、といっています。

これでピンときて、日本人にはそういうところに「自己の理想」が考えられているに違いないと思えました。

「お陰さまで」という言葉には、「自然力の作用をうけての内発」という自己のあり方への自覚が、とてもよく示されていると思います。そこから感じられる自己は、ある大きな自然の流れとともに生きてきた自己であり、その流れをしっかり見定めてさまざまな具体的な行為を展開してきた自己でしょう。

漱石は、蕾がおのずから花を咲かせるような心の働き、つまり内発的な働きを「自己本位」ともいっています。「自己本位」は通常、排他的な「自分中心の行動や考え」の意味で使われます。しかし漱石がいう「自己本位」は、そうではありません。おそらくは、西洋的な個人主義からくる自己本位を念頭に、強いてその意味を逆転させ、これが「日本人の自己本位」なのだと主張したのではないかと思います。

「日本人的な自己の理想」が自分の心に落ちてからは、西欧的なアイデンティティの深化ではなく、それとは別の道筋をたどって向かうことのできる、「自己の理想」があるのだと思えるようになりました。それまでの私は、西欧的な「自分は自分である」という自己同一性保持の考え方に圧倒されていたと思います。漱石と出会って、その危うい境域から抜け出すことができたと思います。

外国語には「思う」がない

「思う」もまた外国語にはない言葉です。私の知る限りでは、日本語以外の言語には、「考える」だけがあって「思う」がありません。英語ならば think を使うしかなく、「思う」に近い語には次のようなものがありますが、いずれも「思う」に相当する言葉とはいえません。

望む—want,hope
意図する—be going to
予期する—expect
みなす—consider,take
感じる—feel

これらの言葉や、考える(think)、推測する(guess,suppose)などの言葉を用いるなどして、文脈によってなんとか意訳するしかないのです。

韓国語でも「思う」には「センガク・ハダ」（考え・る）を使うしかありません。そのため私は、日本語を覚えるときに、「考えるのは頭で、思うのは心で」という具合に、頭・胸を手で押さえながら覚えたものです。

「センガク」は明らかに朝鮮固有の語ではなく漢字語に違いないのですが、辞書にはそれが示されていません。「醒覚」（目が覚める）かなとも思えますが、どうやら中国語の「醒豁」（言葉・意味・文章・考え方などがよくわかる、わかりやすい）が元ではないかと思います。

「思う」は「顔（面）に現われる」に発する言葉だといわれます。心の内のある内容が表に出る、顔に出る、ということでしょう。国語辞書は「考える」と「思う」の違いを次のように述べています。

「考える」は、「筋道を立てて客観的に判断する」という場合に多く用いられるが、「思う」の方は、想像、決意、心配、恋情など、主観的、感情的な要素が強くはいっている」（同前書）

これはこれでわかりますが、日本人はしばしば「私があなたに聞きたいのは、どう考えているかではなく、どう思っているかだ」と迫ることが少なくありません。知りたいのは「客観的な判断」ではない、ということはわかります。心のなかでどう感じているのかが知りたいのでしょう。

なぜそうなのでしょうか。建前（頭）ではなく本音（心）を知りたいということなのでしょうか。そういう場合もあるかもしれませんが、必ずしもそうとはいえません。物事の正確な意味にではなく、意味になる以前の心の像のあり方に関心が向けられているのだと思います。

そこで重要視されているのは、文学（詩歌・小説など）の生命といえる、どのように哀しいのか、嬉しいのか、愛しいのか、怖いのか、憎いのかといった「もののあはれ」の情なのだと思います。

主語を立てない日本語の特徴

私は以前、日本の伝統技術者の仕事ぶりについて、次のような印象を述べたことがあります。

「近代の科学技術では、人間がその主観に基づいて客観的な対象としての自然に働きかけていく、という関係になる。それに対して、伝統技芸や伝統技術では主客が逆になっていると思える。たとえば職人さんたちの仕事ぶりを見ていると、自然素材の側からの働きかけに感応して自らの腕をふるっている、そんな感じがするのである」

（『日本オリジナルの旅』日本教文社）

これと同じことが、英語・ドイツ語・フランス語などの西欧語と日本語との違いについてもいえます。たとえば、山荘の窓辺に立つ私が、「富士山が見える」といったとします。これをあえて英語で直訳すれば、「Mt.Fuji is visible (to me).」となるかもしれませんが、通常はこんないい方はしないものです。英語を母国語とする人ならば、「I see Mt.Fuji.」というだろうと思います。

日本語では、「遠くの富士山が、あちら側からこちら側へと(私の)心に影を投影している」体験が語られています。それに対して英語では、「私が目の前に富士山という対象を据えて見ている」ことが示されていることになります。

日本語では、富士山の側からの働きかけを(私が)受けて富士山が眼前化しています。しかし英語では、私が働きかけて富士山を眼前化しているのです。

これが単なる言葉の使い方の違いではなく、世界や物事についての捉え方、考え方、発想の違いでもあることはおわかりいただけると思います。

日本人は多くの場合、主体を強く押しだそうとはせず、自己主張を弱くすることで他者との調和的な関係をつくろうとします。また自と他・主と客をはっきりと分離させないことで、対象と自分との入り交じった実際的な全体像を示そうとします。

日本人の間にこうした精神的な傾向が色濃いのは、そもそも日本語の表現が主語よりも述語にいっそう重きをおいていることに深く関係しています。そうした日本語の特徴は、常に主語を立てて主語に重点をおく西欧の言語表現とは、正反対の特徴だといえます。

西欧の言語表現では、述語はあくまで特定の主語の対象ですが、日本語では必ずしもそうではありません。「富士山が見える」というように、特定の主語をもたず、述語だけで成立するような表現がきわめて多いからです。

たとえば「ここはどこですか?」も英語では主語を立てて「Where am I?」といいます。「(目的地に)着きました」も「Here we are.」というわけです。

また、複数の主語が想定できる、広がりをもった述語重視の表現もたくさんあります。たとえば、夏目漱石の『草枕』の冒頭の文章です。

「山道を登りながら、こう考えた。知に働けば角がたつ。情に棹させばながされる。意地を通せば窮屈だ。とかく人の世はすみにくい」

主語は主人公で主語が略されているのだ、と理解するのが近代的な常識かもしれません。しかし、主人公が「私は」として語っているのか、作者が主人公を「彼は」として語っているのかはっきりしません。明らかに日本的・東洋的な隠遁思想のようなものを語っているのですから、「日本人は」でも「東洋人は」でもおかしくありません。いずれでもよく、そのすべてでもよい、といった表現だというしかないでしょう。

「国境の長いトンネルを抜けると雪国であった」（川端康成『雪国』）

この文章にも、主語がありません。トンネルを通って雪国に出たのは、列車なのか、乗客なのか、主人公なのか、誰だかはっきりしません。これらすべてでもあるとも見えます。日本語ではこのように、主語が不在のまま、述語だけで表現がなされることがとても多いのです。

主語を立てない（立てなくともよい）表現は、日本語に限らず、世界の諸言語ではそれほど珍しいものではないようです。その意味では、主語表現とは異なる述語表現というべきものは、日本語特有のものではないかもしれません。なんとしても主語を必要とする言語は、英語・仏語・独語・北欧諸語などわずかしかないといわれます。

ただ、言語表現に限らず、他者に対する態度・姿勢・関係の取り方を含めて、主語・主体の観点を強く立てないような文化は、おそらく日本だけでしょう。

西欧近代ではまず主語・主体の立つ場を確立させ、その場から述語世界を対象としてとらえるという思考パターンをつくりだしました。それに対して日本語的な思考パターンは、述語的な場の確立が第一義となっていて、主語・主体の立つ場はあまり重視されずにきわめて曖昧になっているといえるでしょう。

そこから、西欧人はどんな場を重視し、日本人はどんな場を重視しているのかが自ずと見えてくるように思います。

西欧人は現実世界を見つめる個人的な主体の位置を重視し、日本人は主客の分離できない現実世界そのものを重視しているのです。前者は観念のなかでしか成立しない一般的・抽象的な場の世界ですが、後者は現実の具体的な場としての世界、つまり人間や他の生命が生々(なまなま)しく生きている実際的・生命的な場所としての世界なのです。

これを自然環境の問題でいえば、西欧近代のとらえ方では、人間の側から自然環境を考えることになりますが、日本的なとらえ方では、自然のあり方の側から自然環境を考える、ということになってきます。

またコミュニティーの問題でも、西欧近代の発想では諸個人を主体としてその外部に対象としてのコミュニティーのあるべき姿を考えることになります。それに対して、日本的な発想では、現実に人々が関係し合っているコミュニティーの内部から実際的に考えていくことになるのです。

日本の高文脈文化と諸国の低文脈文化

アメリカ合衆国の文化人類学者エドワード・ホールによると、日本は高文脈文化（ハイコンテクスト・カルチャー）の典型であり、欧米は低文脈文化（ローコンテクスト・カルチャー）の典型とされます（『文化を超えて』岩田慶治・谷泰共訳／阪急コミュニケーションズ）。

高文脈文化のコミュニケーションでは、言葉そのものよりも、文脈や背景、言外の意味を重視します。それに対して低文脈文化のコミュニケーションでは、言葉そのものの意味を重視します。

高文脈文化のコミュニケーションでは、実際に言葉として表現された内容よりも、言葉にされていないのに相手に理解される(理解したと思われる)内容のほうが豊かな伝達方式だといえます。その最も極端な例が日本語であると、エドワード・ホールはいっています。

高文脈文化はアジア地域に多く、次いでアラブや南アメリカとなるようです。西欧ではフランス語やイタリア語などが、いくらか高文脈文化に近いようです。高文脈文化では、かなり抽象的な表現での会話が可能な一方で、受け手の誤解などによる情報伝達の齟齬(そご)が生じやすいといわれます。

低文脈文化のコミュニケーションでは、言葉に表現された内容だけが情報としての意味を持ち、言葉に表現されていない内容は伝わらない、という性格があります。その極端な例が、ドイツ語や北欧語、次に英語だということです。より具象的な表現を行ない、すべての情報は文中に入っているとするので、行間を読むことなく受け手は言葉通りに理解することで足ります。

グローバル・コミュニケーションは　ことごとく低文脈文化で行なわれているというのが現実です。そのため、日本文を単純に英訳すると、さまざまな誤解が生じることになってしまいます。こうした問題への対処が日本ではあまりにもできていない、というのが私の感じるところです。

その点で、日本外交について思うことが多々あります。

たとえば、日韓合意（二〇一五年十二月二十八日）での安倍首相の「心からのお詫びと反省」の声明文の外務省による英訳が、欧米諸国のジャーナリズムで「日本軍が拷問同然の残虐行為をしたことを日本は認めた」というように理解されてしまっている、という問題があります。

その一部を比較してみましょう。

〇日本語の原文。

「（慰安婦は）数多の苦痛を経験され、心身にわたり癒しがたい傷を負われた……」〉

○英訳文(の日本語直訳)

「慰安婦は、計測不可能な苦痛に満ちた経験をして、治癒不能な肉体的および精神的な傷を負った……」

どうでしょうか。これでは欧米ジャーナリズムが報道したように、「日本政府は性奴隷化を認めて謝罪した」ととられても仕方がありません。こうしたことも含めて、日本外交には、およそ言語文化論的なアプローチが欠如しているといわざるを得ません。

日本語の「意味」と西洋語の「意味」は違う

右のようなことからは、言葉の意味が問われなくてはなりません。より正確にいえば「意味」という言葉の概念が、そもそも日本語と西洋語とでは大きく異なっている、ということです。

「意味」という日本語は、英語の「意味する」＝ミーン(mean)やフランス語の「意味」＝サンス(sens)を日本語に取り入れる際に日本人が作った和製漢語です。

中国語で「意味」を示す言葉は「意思」です。日本語の「意味」とほとんど同じ意味で使われますが、そこには「～を求める」といった意があるようです。中国語にも古代には「意味」の言葉があり、「楽しむ」を意味する言葉だったとされます。日本語の「意味」はこれとは無関係に作られたものです。

英語のミーンは「意味する」とは別に、「中間の、平均の、平凡な、卑しい・下品な」という意味もあります。そこから媒介といった意を帯びるようになり、現在の「意図する・計画する」の意をもつ「意味する」となったのだと考えられます。

オギュスタン・ベルツは、フランス語のサンスは、ラテン語の「感覚・感傷」などを意味する言葉(sensus)やゲルマン語の「方向」を意味する言葉(sinno)から生じたといっています。したがってサンスは、「何事かを働きかける・指し示す方向性」や移行を意味する言葉になるということです(篠田勝英訳『風土の日本』筑摩書房)。

そうなりますと、日本ではなぜそれらの西洋語に「意味」という言葉を当てたのでしょうか。「意味」は分解すれば「意」の「味わい」となりますから、ミーン（意図）やサンス（方向）とはずいぶん異なる意をもつ言葉だといえるでしょう。「意味」という日本語は、西洋語が入ってくる以前の十七世紀後半位から、「表現の深みのある趣。含蓄のある味」の意で使われるようになっています。それがそのまま転用されたのか、それとは無関係の作語なのかはわかりません。

「味わい」も「趣（おもむき）」も、心が「赴（おもむ）く」ということでは「方向」を意味しているといえるかもしれません。それでも、ミーンの「意図する」や、サンスの「働きかける・指し示す」といったものとはほど遠いというしかありません。ベルツは、語源を説明しながら、サンスという言葉について次のようにいっています。

「つまりこの語には、客観的方向性（人間は世界を整備する）と主観的意味作用（人間は世界を解釈する）の意を同時に持つのである」（同前書）

日本語の「意味」に、このサンスの意が含まれていないことは明らかです。日本語の

「意味」という言葉の意はきわめて曖昧ですが、きわめて幅広いということでもあります。日本語では多くの場合、厳密な意味を求めるよりも、豊かに広がるイメージが求められています。「意味」という日本語そのものが、そうしたことを現しているといえるでしょう。

強固な受け身志向

いうまでもありませんが、世界各地の民族語はそれぞれ言語形式が異なります。言語形式の異なりは、言語表現のあり方や思考のあり方の違いに、いろいろとかかわってきます。さらには、政治・経済・社会のあり方の違いにさえかかわってくる場面が多々見られます。これは、文化的な作用の違いにも、また身体動作の違いにも現れています。

そうしたことから、ある民族の精神性は、その民族に固有な言語形式や表現の仕方などと、大きく関係しているのではないかと思われます。

日本人は外国人から、しばしば「自分を抑えたいい方をする」とか、「原則を押し通そうとしない」とか、「自分の主張を積極的に表に出さない」などとよくいわれます。また日本人は、「社会のルールや秩序をよく守る」とか、「集団でまとまりやすい」とか、「人と人との調和を重んじる」ともいわれます。

確かに、日本人には、そうした面が他の外国人よりもいっそう強く見られます。いずれの場合からも、とにかくまずは外部の他者を受け入れていこうとする強い意識の働きを、共通に感じることができます。

こうした日本人の精神的な傾向をよく現している日本語表現は、なんといっても受け身表現に色濃く見ることができると私は思っています。

日本語の「受け身形」(受動態)は、助動詞「れる」「られる」を用いてつくります。日本語では、ほとんどの動詞が「れる」「られる」を付けることで「受け身形」をつくることができます。ところが世界には、決して「受け身形」をつくれないたくさんの動詞をもつ言語や、「受け身形」そのものがない言語が多々あります。

英語などの西欧語にも「受け身形」があるわけですが、日本語ほど多用することはありません。それに対して、世界広しといえども、日本語ほど「受け身形」を多用してものをいったり書いたりする傾向の強い人たちはいない、といってよいでしょう。それは、他の外国語と比較してみれば一目瞭然です。

現代日本語では外国語と比較すれば、圧倒的な頻度で受け身形が使われています。言葉遣いだけではなく、発想から他者への態度や姿勢に至るまで、日本人にはある種の「強固な受け身志向」が働いていると思わざるを得ません。

現代の文法でいう「受け身形」(受動態)とは、通常「あるものが他のものに働きかける動作を受ける側を主役(主語)にして述べる形式」です。つまり、「叱る」「押す」「蹴る」「打つ」など、明らかに他への働きかけの動作を示す言葉、つまり他動詞について「受け身形」があるわけです。

ところが日本語では、自動詞でも「受け身形」が用いられることがしばしばあるのだから不思議です。こうした言語は日本語以外にありません。外国語では「受け身形」がつくられない自動詞なのに、日本語では普通に「受け身形」を用いている例を、いくつか挙げてみましょう。

「女房に逃げられた」

「泥棒に入られた」

「ああ、先に座られちゃった」

「そばで煙草を吸われるのは嫌だ」

「あなたに死なれると困る」

これらは「間接受け身」とか「迷惑受け身」とか呼ばれていますが、日本にしかない話法です。

「逃げる」「入る」「座る」「寝る」「吸う」「死ぬ」のいずれも、他に働きかける動作ではありません。それなのに、日本語では当然のごとく「受け身形」で使われているのです。いったいどう考えればいいのでしょうか。

「泥棒に入られた」などのいい方は、西欧語にもありませんし、韓国語にもありません。必ず、「泥棒が入った」という能動態的な表現になります。そもそも、韓国語では一般的な意味での受動態がなく、一部の動詞について受け身の言い回しがありますが、日常的に使われることはあまりありません。中国語はどうなのかと、私の勤める大学の中国人留学生に聞いてみました。答えは次のようです。

「中国語の『受け身』は、日本語のように動詞を変化させず、前置詞『被』を用いて表現します。でも、『泥棒に入られた』といういい方はしません。『泥棒が入った』となります。またその場合、『泥棒が入った』だけでは、誰の家かわかりませんから、実際は自分の家だったという意味で、『泥棒がうちに入った』となるでしょう」

英語にも、たとえば「奥さんに逃げられた」といった表現はありません。「I was run by my wife.」といったいい方は英語では不可能なのです。英語でいうには、「My wife left me.」(妻が私のもとを去った)といういい方になるでしょう。

もちろん、韓国語でも「女房に逃げられた」といういい方はありません。必ず「女房が逃げた」となります。ですから、日本の男性が「女房に逃げられた」といういい方をすることに、私は当初不思議でなりませんでした。そこで、どういうことなのかと、実際にそういう経験がある人に聞いてみたことがあります。

その人がいうには、「女房が逃げたといえば、女房が一方的に勝手に逃げた、悪い奴だと非難しているようになるでしょう」とのことでした。

韓国人が「女房に逃げられた」といういい方を聞くと、「奥さんを引きつけて置けなかったのか、頼りない人だな」という気持ちになります。しかし日本人は、相手を問題視するよりも、受けた側の自分を問題視することで事態を説明しているのです。

一方、「女房が逃げた」と聞くと、「奥さんは家を勝手に放棄した、とんでもない人だ」と、奥さんの方を責める気持ちになります。ここでは、逃げた側を問題視することで事態を訴えているのです。

自発の尊重

ある日本語学校の先生が、アメリカ人の生徒から「日本語ではなぜこんなに受け身形を多用するのか」と聞かれて返答に困ったと聞きました。

私も同じような質問を日本人にしたことがあります。そのときにはこういわれました。

「そんなに受け身形を多用しているとは思いません。たとえば、〈れる〉〈られる〉が受け身の形だけではなく、尊敬、可能、自発でも使われるから、そんな印象が強いんじゃないですか」

確かにそうかもしれません。そこで、日本語では受け身と尊敬、可能、自発の表現の形が同じなのはなぜか、という問題に注目してみたいと思います。

「明日来られますか」と問うとき、もちろんこれは受け身ではありません。可能と見えますが、尊敬とも見えます。

「あなたに来られると困ります」といえば、これは受け身ですが、尊敬としてもおかしくありません。

「あなたの場合はそう考えられるのですか」というと、それだけでは可能か自発か尊敬かわかりません。

正しくは助詞によって区別されるというものの、実際には区別がはっきりしないことものです。

が多いのです。日本語を覚えたての頃は、じつにあいまい不可解な用法だと感じていた

私は日本語学を専門にやったことはないので、学問的にどういわれているのかは不案内ですが、直観的にいって、これらにはみんな同じ意味合いが含まれているに違いないと思えます。

「受身」弟にジュースを飲まれる。
「尊敬」家に先生が来られる。
「可能」この果実は食べられる。
「自発」スターが舞台に現れる。

よく見ると、いずれも自分以外の「超越的な存在や力の働き」に関わっていることがわかります。そう考えると、みな同じ用法となるのも納得できるように思います。

「受身」や「尊敬」はわかりやすいといえます。また、「できるか、できないか」という「可能」の場合も、自分の意志以外の力が強く関わってきます。「自発」となれば、それこそ「自己超越的な存在や力の働き」そのものによって、おのずから起きることに

なります。

　こう考えてきますと、〈れる〉〈られる〉の用法では、いずれの場合もそれらの物事は「自然に（自ずと）起きる（た）こと」と考えたい（みなしたい）意識が働いているように思います。たとえば、「女房に逃げられた」でいえば、女房が悪いとか自分が悪いとかの問題ではなく、避けようもなく「自ずと起きたことだ」と、そうとらえたい、考えたい気持ちとなるでしょう。

　そこには、「意図的で人為的な行為」よりも、「自然な無為の行為」への尊重（重視）があります。そうした自然に発する物事を価値とする意識が、〈れる〉〈られる〉の用法には一貫して見られます。「自然に発する」を「自発」といえば、「自発」が元になって〈れる〉〈られる〉の用法が生まれたのではないでしょうか。

第4章　韓国人の日本観から見えてくるもの

情緒教育としての反日教育

私の幼い頃（一九六〇年前後）、母は戦前に父と共に日本で働いていた時分の思い出をなつかしみながら、日本人への親しみを込めてしばしば語ってくれました。私が育ったのは済州島の海村でしたが、村の人で日本及び日本人のことを、ことさらに悪くいう人はいませんでした。

それが小学校に入り、学年を重ねていくに連れて、「日本人はいかに韓国人にひどいことをしたか」と教えられていくことになります。

授業を通して、父母たちの世代は土地を収奪された、日本語教育を強制された、独立を主張して殺害された、拷問を受けた、強制徴用されたと教えられていく毎に心にやってくるのは、自分自身の身を汚されたかのような、いいようのない屈辱感でした。そこから湧き起こってくる気持ちは、「決して許せない」「この恨みは決して忘れてはならない」というもの。ほとんど生理的な反応といえる怒りでした。

当時の教科書の内容は詳しく覚えていませんが、基本的なことについては、現在のものと大きな変わりはありません。現在の国定教科書では、「[侵略戦争を遂行するために]日帝はわれわれの物的・人的資源を略奪する一方、わが民族と民族文化を抹殺する政策を実施した」として、それを「日帝の民族抹殺計画」と名付けています(『中学校国史教科書』一九九七年初版)。

日本は我が民族を抹殺しようとしていた……。小学校でも同様に、日本によって民族が蹂躙された、奴隷のように扱われた、人間の尊厳に大きな傷を受けたといった形で反日教育が教室のなかで行なわれます。幼い時期はより多感なものですから、「ひどすぎる」「絶対に許せない」という思いで心がいっぱいになります。

それは、同じ血を分けた韓国人であり、お父さん、お母さん、お祖父さん、お祖母さんたちのことなのですから、自分がやられたのと同じ気持ちになってくるのです。我が身を切り裂かれるような辛くて苦しい気持ちになり、激しい怒りがこみあげてきます。そうか、日本人はそんなに「侵略的で野蛮な民族的資質」をもっている者たちかと、心から軽蔑していくことになるのです。

しかし史実はそうではありません。少なくとも日本統治は近代法に則ったもので、統治九年後に武断的な傾向を改めて以降は一貫して文化的な統治が行なわれたのです。日本は朝鮮統治時代に、朝鮮の産業や交通を発達させ、人々の経済生活を大きく向上させました。本土同様の学校制度を布いてハングル・漢字教育を進め、就学率・識字率を高めました。旧来の身分制度や土地制度を改革し、社会の近代化を強力に推し進めました。しかも、朝鮮総督府による朝鮮経営は、最初から最後まで、収奪とは逆の投資過剰の赤字経営であったのです。

朝鮮時代の人口増加は、実に微々たるものでした。それが日本統治時代に入ると、朝鮮半島の人口はものすごい勢いで伸びていきます。韓国統監府が置かれた一九〇六年の人口は九八〇万人、これが最末期の一九四四年には二五一二万人へと、二・五倍に増加しているのです。これは明らかに、経済の発展で食糧事情が大幅によくなって、栄養がよくなり健康の管理が進み、乳幼児の死亡率も大幅に下がったことを意味しています。日本が本当に収奪していたのなら、これだけ人口が増えるわけがありません。

反日教育からは、朝鮮統治のこうした面は一切見えてきません。もし誰かに指摘されたならば、即座に「それらはみな日本人が自分たちの利益のためにやったことだ」と全否定することになるのです。

ですから、反日教育を受けた韓国人ならば、誰もが「日本の植民地支配は独立を奪った不法な侵略であり、民族と文化を蹂躙し、過酷な収奪を欲しいままにした野蛮で暴力的な支配だった」と主張することになるのです。

これは歴史教育ではなく明らかな情緒教育です。歴史認識以前に、反日情緒・反日心情をしっかり持つことが目指されているのです。

侮日観（ぶにちかん）を植え付ける反日教育

古代～近世朝鮮半島諸国の支配層だった高級官僚たちは、日本人を中華世界周辺に雑居する文化の劣った野蛮な夷族（いぞく）の一派とみなし、中国に倣（なら）って倭族・倭人・倭奴などと呼び慣わし、卑しみ蔑視してきました。

この中華主義に発する歴史的な侮日観は、日本に併合された大韓帝国の前身李氏朝鮮が最も強かったのです。そのため、劣位の日本に植民地支配されたということが、朝鮮半島の知識人にとっては耐え難い屈辱となったのです。

一九六〇年代のことですが、小学校では「反共ポスター」をよく描かされました。私たちが描く「反共ポスター」の絵柄の多くは、「鬼のような形相をした金日成が韓国を蹂躙する姿」でした。いかに北朝鮮が怖い国かを描くことに力を入れたと思います。「反日ポスター」も描かされましたが、そのモチーフは北朝鮮のように「恐怖」ではなく、いかに日本は侮蔑すべき国かという「侮日」にあったと思います。

日本はどれほど卑しく野蛮な国か、韓国はどれほど尊く文化的な国かといったところに力を入れていたように思います。それでも、当時の私たちが描いていた「反日ポスター」は、現在のものほど下劣なものではありませんでした。子どもなりに「愛国者」として持つべき品位が心されていたと思います。

十年ほど前のことですが、仁川市の地下鉄キュルヒョン駅構内で、地元の小中学生による「独島(竹島)問題」をテーマにしたポスター展(二〇〇五年六月)がありました。千枚ほどが展示されていたのですが、それらを見て私は心から驚きました。独島問題がテーマだというのに、大部分がテーマを大きくはみだしているのです。悲しくなるほどの下品な絵や言葉で日本を貶め、日本人を侮蔑するものばかりでした。

そのなかの一つには、朝鮮半島の上に立つウサギが、中国の方に顔を向け、お尻を日本に向け、お尻から日本列島の形をした大便を出している。そういう実に下品な日本蔑視の絵柄がありました。

そのほか、子どもたちが日の丸を取り囲んで踏みにじっている絵、日の丸が描かれたトイレットペーパーを燃やしている絵、日本列島を火あぶりの刑に処している絵、「嘘つき民族日本人」を犬小屋で飼っている絵、核ミサイルを韓国から日本へ撃ち込んでいる絵など、まるで日本は交戦国であるかのようです。絵に付された言葉も、「日本の奴らは皆殺す」「日本列島を火の海にしたいのか」「日本というゴミ、捨てられる日はいつなのか」など、ことごとくが日本に対する侮蔑の意識を、あからさまに表したものでした。

これら「反日ポスター」からわかることは、昔も今も韓国の小中学校では反日教育というより侮日教育をしているというまぎれもない事実です。私の小学生時代と比べると、その侮日的な内容は今の方が桁外れにひどいと感じます。

韓国の教育界は、小学生のときからこうした教育を受けさせることで、伝統的な侮日観をしっかり身につけさせていこうとしているのです。

初代韓国大統領の李承晩が最も力を入れたのは、この伝統的な侮日観を政治的に再構成することによって、過去の屈辱の歴史を誇りある歴史へと逆転させ、「歴史的な民族の優位性」を回復することだったのです。

戦後韓国の建国を主導したのは、李承晩ら上海やハワイなどの海外で抗日活動を展開していた者たちです。そのため韓国の歴史認識は、彼ら抗日活動家こそ真の愛国者・国家指導者と位置づけ、彼らの主張そのままに「日本の統治は収奪、野蛮、暴力に満ちた支配だった」と、史実を正反対にねじ曲げてつくられることになったのです。そして、弾圧をいとわない親日言論統制や徹底した反日教育を通して、新しい世代に次々と根付いていったのです。

戦後世代よりも戦前世代に親日派が圧倒的に多いのはそのためです。私が反日民族主義を脱したのは、幼い頃に両親たち戦前世代のほとんどが「日本人への親しみ」を語っていたという学校教育以前の記憶が、私自身の日本人との交流体験の深まりのなかで、しだいにリアリティをもって蘇ってきたことにはじまっています。

誰もが楽しく過ごせる来日一年目の日本

学校教育で身に付いた反日感情に裏打ちされた反日意識は、成長するに従い、社会的・国民的なコンセンサスとしてあること、韓国人ならば誰もがもつ常識であることを自覚していきます。異議・異論とほとんど出会うことがない社会環境のなかで、疑問の余地なく韓国人としての自分のアイデンティティとなっていくのです。こうして青年期までの私は、「反日心情・侮日観」と「唯一の正しい歴史認識・反日民族主義」の混合体を強固に抱えもつ、「新世代の韓国人」へと成長していきました。

私は小さい頃から、島から半島へ、半島から世界(欧米)へという志向が人一倍強かったと思います。韓国社会には女性が活躍できる場はなきに等しかったからです。そこでアメリカへ留学したいと思っていたのですが、当時の韓国ではアメリカのビザ取得はきわめて困難でした。そのため、まず何人かの親戚も生活する日本へ留学し、日本を足場にアメリカへ渡ろうと思いました。今から三十数年前のことです。

日本の留学生になる数カ月前、たまたま機会があって、韓国のキリスト教教会の関係で、日本の老人ホーム慰問団の一員として初来日を果たしました。一九八二年十二月から翌年の一月にかけての短い期間でしたが、そのときに私が体験した日本は、韓国にいるときにイメージしていた日本とはまるで違っていました。

日帝時代を頑迷に反省しない日本人――決して許してはならないと強く思っていた私は、どこへ行っても優しく親切な日本人、整然としてきれいな街並、韓国とは比較にならない治安のよさなどに触れて、大きく肩透かしをくわされた感じがしました。わずかに触れた日本の生活風習も、私にはとても好感のもてるものでした。

駆け足での体験だったとはいえ、滞在した一カ月の間、悪い印象がまったくなかったことは大きなショックでした。きわめて驚くべきことでした。

私がはじめて知った日本は、そのようにとても印象のよいものだったのです。反日意識に変わりはないのですが、「これなら、それほど緊張することなくやっていけそうだ」

という感じをもてました。いや、表面だけではわからないぞ、とも思うのですが、帰国した私は気を昂らせながら、日本へ渡るための留学手続きに奔走しました。留学生ビザを手に日本にやって来たのは一九八三年七月のことでした。

留学生として、また仕事関係で日本に長期滞在する場合、ほとんどの外国人、とくに韓国人や中国人は、私がそうだったように、来日一年目はとてもよい印象をもつものです。強固な反日教育を受けた韓国人には、多かれ少なかれ、日本人＝未開人・野蛮な人たちというイメージがあります。しかし、実際に日本人と付き合ってみると、誰もが親切で、優しくて、思いやりがあって、未開人的な、野蛮人的な日本人はどこにもいないではないか。とくに反日意識が刺激されることもなく、さまざまな面での日本の良さを感じながら、最初の一年は楽しく過ごすことができるのが普通です。

来日二、三年目にぶつかる壁

しかし一年が過ぎて、もう一歩日本人と踏み込んだ付き合いをしていくことになる二年目、三年目になりますと、多くの韓国人は日本人がさっぱりわからなくなるのです。価値観が違うし、善悪の考え方も違う、いや正反対ともいえる。日本人の精神性、メンタリティがどうにも理解できないということになってしまうのです。人によって程度の差はありますが、だいたい二年目、三年目で落ち込んでしまうことになります。

もはや日本人は人間ではないとまで思う人たちもいます。私もそう感じて深刻に落ち込んでしまいました。同じ人間なのに、日本人はなぜこうなのか、日本は人間が住む社会ではないとまで私は落ち込んでしまいました。そこで、「日本人は我が国を貶めてきただけに、やはりおかしな人たちだったのだ」と思うようになっていくのです。

実際には、本格的な異文化体験がはじまったということなのですが、異文化ゆえの異質性が、根にある反日意識と結びつき「人間としておかしい」といった感覚的な判断を生じさせてしまうのです。

その典型を、日本に二年半滞在して韓国に戻ったある韓国人の女性ジャーナリストに見ることができます。彼女は、帰国して書いた本のなかで「日本に学ぼうという声が高いけれども、日本のような国には絶対学んではいけない。なぜかといえば、日本は異常な国だからだ」と書いています(田麗玉『日本はない』一九九三年、日本語版『悲しい日本人』たま出版一九九四年)。

どんなことから、彼女は日本は異常な国だというのでしょうか。たとえば彼女は、日本人も韓国人も部屋に入る時は靴を脱いで入ることは一緒なのに、日本人はわざわざ体を後ろにねじ曲げて、靴を外側に向けて揃えておいて、再び体を内側へねじ曲げて部屋に入る。これはいかに日本人の心がねじ曲がっているのかをシンボリックに物語っている、というような内容を書いています。また、「日本人の割り勘は、その場限りで人間関係を清算しようとする冷たい心の現れだ」「日本という社会は、すべてはお金で決まり、きわめて非人間的社会である」「日本人だけは国際化できない。日本人はまるで、自閉症にかかった子供と同じだ」とも書いているのです。

彼女が本書で指摘している「日本人の異常性」は、ことごとくが二年目、三年目でぶつかった、異文化ゆえの習慣の違いや価値観の違いに関わることなのです。それが反日意識と結びつくため、すべからく日本人の「悪意の現れ」とみなしてしまうのです。私も二、三年で韓国へ戻っていたら、彼女と同じ考えのままだったと思います。

そこには、自民族の文化を価値規準にして、他民族の文化、生活習慣、思考様式、行動形態などを、みっともない、不合理だ、間違っている、劣っているなどと否定する傲慢な態度があります。自文化の価値体系こそが、どこよりも正当なものであり立派なものだと頭から信じられているのです。その弊害は、自分に都合のよい空想をもって現実を見ようとはしないさまざまな面に現れてきます。

「反日」という「バカの壁」

韓国の「反日」は、「反日心情・侮日観(ぶにちかん)」と「韓国の唯一の正しい歴史認識・反日民族主義」の混合体です。そのように完成された一つの固定した考え、揺るぎのない考えです。

一つの固定した考え、完成された考えにはその先がなく、未来がありません。そこが終局の地点となっているのです。だから相手の考えを耳に入れる余地がありません。多角的な視点から物事を見て判断することができません。自分のいやな事、知りたくない事、興味のない事を無視しようとします。

こうした態度をとる相手には、いくら誠意をつくして話しても、わかってもらえることがありません。なんとしても「話せばわかる」ことにはならないのです。

ようするに「反日」は、一つの硬直した固定観念であり、それは養老孟司氏がいうところの、自分の思考を限界づける「バカの壁」とまったく同じ構造のものです（養老孟司『バカの壁』新潮新書参照）。そのため話が通じないのです。来日二年目、三年目にぶつかる壁がこの「バカの壁」だとは、誰も容易に気づくことができません。そこで私のように落ち込んだり、「日本人は人間ではない」とまで思うことになってしまうのです。「反日」を脱するとは、この「バカの壁」を超えることにほかなりません。簡単にいえば、柔軟に、多角的に、相対的に物事を見て判断する、といったことになるでしょうが、これが韓国人には実に苦手なことなのです。

たとえば、人は現実社会のなかで、家族関係、友人関係、先輩・後輩関係、集団関係など、さまざまの実際的な人間関係を体験していくことを通して、自分なりの物事への対処の仕方を身につけていく、という考えがあります。日本人の多くはこのように考えるでしょう。

それに対して、人にはどんな場合にも揺るがしてはならない倫理規範というものがあり、これをしっかり持ち続けて人生を歩むことで、正しい物事への対処の仕方が自分のものになっていく、という考えがあります。韓国人の多くはこのように考えているのです。

前者を実際主義、後者を理念主義と呼べば、実際主義では「現実的な人間関係」が前提とされますが、理念主義では「理想的な人間像」が前提とされるのです。後者の場合、非現実の「理想的な人間像」の絶対化が進むことで、「バカの壁」ができてしまうのです。

また、多くの日本人は、善悪・正邪は相対的なものだといいます。しかし多くの韓国人には、善悪・正邪はどんな場合も変わることのない絶対的なものなのです。そのため、善悪・正邪は時々で異なるものだといった日本人は「人間ではない」とまで思えてしまうのです。

倫理・道徳も韓国人にとっては相対的なものではありません。人間ならば絶対に守らなくてはならない真理にほかなりません。しかし多くの日本人は、倫理・道徳は大切ではあるけれど、それは「時・場所・場合」によるもので、普遍的にあてはめて説くべきものではない、と考えているでしょう。倫理・道徳を説く理念は立派なものだが、それは第一に優先されるべきものではない、と考えているでしょう。

しかし韓国人の場合は、「倫理・道徳」は完璧で揺るぎのない「バカの壁」となり、自分自身の心を縛ってしまうのです。

多数の韓国人が、来日二、三年でぶつかる壁を超えられません。しかし、そこをなんとか乗り超えることができて、五年ぐらい居座っていますと、異文化としての日本が見えてきます。だいたいは日本のよさが理解でき、日本が好きになっていきます。私もそうでしたが、そういう韓国人が多いのは確かなことです。

それでも、「反日」だけは抱え続ける人が多いのです。そうなりますと、反日意識と親日感が同居することになります。そこに、「公的（理念的・外面的）には反日、私的（実際的・内面的）には親日」という、韓国人に特有な意識の由来があります。現在のように情報が自由に飛び交い、日韓交流が盛んな時代では、韓国に居ながらにして「公的には反日、私的には親日」という人が大部分だといってよいでしょう。「反日」をひとたび棚上げにしさえすれば、韓国人の誰でも日本人と親密に付き合うことができます。以前には、日韓関係にも日中関係にも、今とは違って、できる限り「懸案事項は棚上げ」というやり方で付き合っていた時代があったのです。

日本には八百万の悪魔がいる

かつての私が、とても日本社会を理解できない、と思ったことの一つに、日本では神社が至る所にあり、神々が至る所に存在しているという、日本人の宗教的なセンスのようなものがありました。多くの日本人が、あらゆるものに魂が、神が、宿っているというのです。八百万(やおよろず)とも形容される、無数の神さまがいるといわれます。しばらくの間、なかなか理解できませんでした。

私は韓国で、韓国プロテスタントの教会に通っていました。教会の牧師さんからは、異教の神は悪魔と説かれていました。それで、日本にはどれほどたくさんの悪魔がいるのか、と思うことになったわけです。

日本に来てからもしばらくの間、韓国の在日本キリスト教会に通っていました。信者もほとんど韓国人でした。その牧師が、「日本には八百万の悪魔がいる、この悪魔を日本の国から排除しない限り、日本人の精神性がまともになることはない」と説教します。そして、「日本に来ているあなたたちは、この八百万の悪魔を追い出さなくてはならない。それがあなたたちの使命だ」というのです。

その当時、私は東京・新宿の歌舞伎町に住んでいましたが、歌舞伎町の真ん中に小さな神社があります。私が住んでいたのはその神社の隣のマンションでした。緑のない歌舞伎町で唯一、この神社の境内に緑がありました。部屋の窓を開けると、緑が目に入ってきます。夏はセミの声でいっぱいです。私は、来日前はソウルに住んでいましたが、ソウルでセミの声を聞いたことがありませんでした。子どもの頃、済州島の田舎で聞いて以来のことでした。東京の真ん中で、セミの声が聞こえるなんてすごいなと思いました。

セミの声がするのは、わけのわからない悪魔が住んでいるとされる神社です。教区の信者たちが私の住まいに来ればいつも、みなで「この神社が早くなくなって、ここに十字架がたちますように」と、大声でお祈りしたものです。

自然の神々への信仰というのは、未開文明の地域ならば当然と思えるのですが、日本という文明国がなぜそうなのかが理解できませんでした。未開信仰があるような国が、なぜ世界最先端の経済大国になることができたのか、とても不思議でなりませんでした。

政治の中心地、霞が関のビルの屋上にまで神社があります。第一線のビジネスマンたちが、手をポンポンとたたいて礼拝をしています。本当に驚きの連続でした。

韓国は儒教の国ですから、多神や精霊を認めません。また、韓国や中国では、自然神などの精霊を一般に鬼神と呼び、程度の低い邪霊とみなします。韓国では、先祖(の霊)以外を崇拝するのは未開人だとされてきました。

韓国にも精霊信仰をする人たちがいますが、韓国の正統知識人からは、教育のないレベルの低い人たちだと軽蔑されてきました。たとえば、山中や海辺で大きな木や岩を拝みながら、「家にぜひ男の子が生まれますように」とお願いします。そうした精霊信仰のようなものは、朝鮮半島では文化の中央から排除され、文化の周辺に細々とあり続けてきたのです。

こんな具合に、来日二年、三年の時期には、日本人はどうにもわからなくなってしまうのです。

世界の人々が理想とする社会が日本にはある

私は日本が嫌いになってしまい、ヨーロッパに語学留学という形で一時的に日本から逃げてしまったことがあります。日本から離れ、西欧人と接触する日常のなかで、日本についていろいろと考えました。

まず第一に、あんなに「おかしい人たちが住む日本」なのに、庶民レベルでの豊かな経済大国を、しかも貧富の差の小さな大衆社会を作り上げているのはなぜなのか。

第二に、凶悪犯罪の発生がきわめて少なく、世界に例がないほど治安の良い社会を築いているのはなぜなのか。

第三に、日本は、戦後数十年以上にわたって対外戦争も内戦もしなかったことはもちろん、銃口（軍事力）を国民にも外国にも向けることのなかった唯一の主要国であるのはなぜなのか。

少なくともこの三つのことは、世界のどんな国々も理想としながら容易に達成できていないものではないか。しかし日本はこれを達成している。このことだけは疑うことができないのではないか。

日本が本当に「おかしい人たちが住む国」ならば、これほど理想的な社会を築けるはずがないのです。「おかしい」のは日本人ではなく、私を含めた韓国人の方にあるのではないか。とすれば、問題は韓国人の反日イデオロギーなのではないか。それまでは、そんなことは思いもしなかったのですが、ヨーロッパに来てからそう考えてみることの重要性に気づきました。

こうして私は、反日の色眼鏡をはずして、ゼロから日本を探っていこうと思うに至ったのです。そうしてみますと、反日民族主義は、実は韓国儒教に根ざしたイデオロギーや価値観に支えられており、これこそが問題の核にあるものだと気づいていきます。そこのところをカッコに入れて見さえすれば、韓国人が一番日本人を理解できるのではないか、そう思うようになりました。

日本を深く理解するには、欧米人にはかなり限界があると思います。でも東洋の隣国である韓国の人々には、わかる手がかりがたくさんあるはずなのです。しかし、儒教的な価値観や反日イデオロギーがかぶさってしまっているため、なかなか日本を素直に受け止めていくことができないのです。

私は日本に戻り、さまざまな方法で、日本を探って行くことにしました。日本の生活・文化・書物と真剣に取り組み、一人で日本を勉強していくことにしたのです。

そうしたなかで、私は思い切り素直になることにしました。すると、視界がパッと開けてきて、あっという間に日本社会にすっかりはまり込み、もはやはい上がれないくらい日本が好きになってしまったというわけです。

私は来日して二年あまりの間、和食を食べませんでした。食事は一番身近な文化ですので、日本の食べ物が好きになってしまうと、日本の文化に負けてしまうことになるとの思いがあったのです。日本の文化、社会に負けてしまうことを私はとても恐れていました。コミュニケーションの上で、日本語はどうしても必要なので、これだけは覚えていこう、そしていつかは欧米に行くのだ、そう思っていたのです。それで当時は、外食では韓国料理や西洋料理ばかり食べるようにしていました。

欧米へ行くつもりでしたので、大学では英語を勉強しました。日本に来てわざわざ英語を勉強した韓国人は、私くらいのものでしょう。本当に人間というものはわからないものです。そんな私が、今や大学で何を教えているのかといいますと、日本の文化や日本の歴史なのです。本当に人生はわからないものです。

多くの中国人、韓国人は、来日二、三年の難関を乗り越えることができません。それでもなんとか、だいたい五年ぐらい経ちますと、多くの場今日本が好きになっていくのです。ですから問題は、この二年、三年の期間です。韓国・中国にとっての現在の日韓・日中関係は、この二、三年目の難関をめぐる格闘の渦中にある、と私は思っています。

理解しがたい習慣・文化・価値観の違い

それではどんなところで二年、三年目の壁にぶつかるのでしょうか。先に述べました『日本はない』という本を、再び取り上げてみましょう。この本は日本を批判した本といわれますが、その内容はとうてい批判といえるものではなく、日本人を激しくけなした本というべきものです。

彼女はこの本で、こんなふうに語っています。

「最近の韓国には日本に学ぼうという声が多いが、日本のような国からは絶対に学んではいけない、なぜなら、日本という国はとても異常な国だからだ」「日本では、お金を持たない者が、持つ者から受ける苦痛を、あたり前のように思っている。まるで飼い慣らされた奴隷のように、これに喜んで従う」というわけです。

本文では、なぜすべての日本人がおかしな人なのか、ということが延々とつづられています。彼女には理解し難い、日本の習慣、文化、価値観、発想、人間関係のあり方などを、すべからく韓国のものに当てはめていき、そこからはずれている面は、いずれも「日本人がまともな人間ではない」ことを示している、と断言するに至るのです。

それで、先に紹介しました日本の「おかしな生活習慣」などが、歴史認識の問題、従軍慰安婦問題などに結びつけられていくのです。日本人は体をねじ曲げて靴を揃える、これは人間的に心がねじ曲がっていることを示している、だから日本人の歴史認識はねじ曲がっているのだ――などのようにです。

彼女は「私は死ぬまで日本人を恨み続けていきたい」と本の最後を結んでいます。この本は国内で三〇〇万部以上売れ、韓国最大のベストセラーといわれます。日本を研究する韓国の専門家のなかで、この本を日本研究に資する重要な参考文献の一つとしてあげる者は少なくありません。なおこの女性は、後に韓国の国会議員となり、朴槿恵(パククネ)からも高く評価され、保守政党・ハンナラ党(現セヌリ党)の要職を務めています。

食事など目に見える生活習慣の違い

目に見える習慣の違いは、それほど大きな問題とはなりません。時間が経つに連れて抵抗感は薄れ、誰もがしだいに慣れていくものです。韓国人でもいつの間にか、靴を玄関側に向けて部屋に上がるようになるものです。

目に見える習慣で日本と韓国では違うものがたくさんありますが、その一つにご飯の食べ方があります。

日本人は、ご飯茶碗を手に持って箸でご飯を食べます。またお椀も手に持って口に運び直接飲みます。これがよき食事の作法となります。

それに対して韓国人は、左手は必ず膝の上に置き、ご飯茶碗は食卓に置いたまま、右手に持ったスプーンでご飯をすくって食べます。お椀も食卓に置いたままスプーンで汁をすくって飲みます。おかずを食べるときには、スプーンを持った右手を箸に持ち換え、箸でつまんで食べます。これがよき食事の作法となります。

そうなりますので、韓国人が初めて日本人の食事姿を見ると、とても行儀の悪い食べ方と感じられてしまいます。日本人の食事作法は、朝鮮半島の伝統では罪人の食べ方に相当するのです。かつての監獄では、罪人は正座（畏（かしこ）まる姿勢）での食事を強いられましたので、自ずと御飯茶碗もお椀も手で持って食べることになるわけです。

これが逆になると、日本人からよくいわれるのが、「韓国人の食べ方は犬食いのような食べ方だ」というものです。また、日本人の男性からしばしばいわれたことですが、

「韓国人女性を見ていいなあと思うことはよくあるけれど、食事に誘ってその食べ方を見ていると、一〇年の恋も一瞬に冷めてしまう」というのですね。「犬食い」に加えて、立て膝をついて食事するからなのでしょう。

そのほか、どんな食べ方が日本人には嫌に見えるのかと、日本人にいろいろ聞いてみました。一つは食べ物を噛む音です。韓国では、いくらかの噛み音を出して食べるのが「美味しく食べていますよ」という信号になります。そのため、クチャクチャ音を立てて食べる人が多いのです。

日本では煮物でも焼き物でも、一つ一つの素材の味を大切にするため、一緒に混ぜ合わせることはほとんどありません。韓国では素材の味はそれほど大切ではありません。日本とは反対に、さまざまに混ぜ合わせることが韓国料理では基本です。

少々萎(しお)れた白菜でも、にんにく・唐辛子はもちろん、アミの塩辛・木の実などいろいろなものを入れて混ぜ合わせることでおいしいキムチになります。

ビビンバが混ぜ合わせ料理の代表的なものです。材料は、大根・もやし・ぜんまい・ほうれん草などのナムル(塩ゆでして調味料とゴマ油であえたもの)、コチュジャン(唐辛子味噌）、卵の黄身、ごま油といった具合です。これらを御飯とともにグチャグチャにかき混ぜて食べます。

鍋料理は韓国でも欠かせない料理の一つです。これをどのように食べるかといいますと、食卓の真ん中に置いた鍋に、各自が四方から腕を伸ばして箸を直接鍋の中にさし入れ、料理をつまんでそのまま口に運んで食べるのです。取り皿の習慣は韓国にはありません。それで直接口に運ぶのですが、その前に必ずといってよいほど鍋をかき回します。それから料理を取って口へ運ぶのです。

ちょっと想像してみてください。箸で鍋をかき回しては、クチャクチャと噛み音をたてながら食べているところを。韓国人はこうした食べ方が食欲をそそります。自分も仲間に入りたい、という気持ちになります。多くの日本人には、「ちょっと勘弁して欲しい」という食べ方ではないでしょうか。

でも、こうした目に見える生活習慣は、だいたい一年も日本に住んでいれば慣れていきます。いつの間にかご飯茶碗を手にもって食べるようになります。

韓国人と違う日本人の距離の置き方

問題となるのは目に見えない文化、習慣、発想、価値観などの違いです。これにもたくさんありますが、韓国人に限らず、多くの外国人にかなり深刻な悩みを与えているのが、日本人に特有な、人と人との間の距離の取り方です。

韓国に行かれた方は気が付くことがあるかもしれません。街の中を歩いていると、かなりの人たちが、とくに女性に多いのですが、腕や手をつないで歩いている光景が見られます。日本でならば、手をつないで歩くのは、女子の小中学生に見られるくらいでしょうか。韓国では大人の男性どうしでも珍しいことではありません。韓国人はちょっと親しくなると手をつないだり、肩に手をかけたりします。

どういうわけかといいますと、すぐにでも人間関係の距離を縮めたいからなのです。知り合って親しくなりたいと思ったら、できるだけなれなれしくしていくのが韓国人の常です。そうすることが人間関係にとって、とても大切なこととなっているのです。

これから人間関係を作ろうというときに、日本人ほどすぐに距離を縮めようとはしない人たちは、世界でも珍しい部類にはいると思います。それに対して、朝鮮半島の人たちは逆に、最も早く距離を縮めようとする人たちだといってよいでしょう。初対面の人と話をしてみて、気が合うなと思ったら、明日を待つことができません。すぐにでも距離のない関係を作ろうとします。中国人もほとんど同じようです。

女性の場合、気が合うなと思えば、すぐに腕をくんできます。はじめて会ったときでもそうです。それによって相手がどんな考え方をもっているのか、心の中が感じられるような気持ちになります。それで友だちとなれば、どこまでも熱く燃えた友情関係を求めます。

皮膚感覚で接触しますと、一気に距離感がなくなっていく気持ちになれるのです。そして「暑い仲」になるためにどうするのかといいますと、自分の悩み事や内面の思いをことごとくさらけ出していこうとするのです。

とても辛い大きな悩み、あまり他人にはいえない固有の体験など、親しくなればすぐにでもいい出そうとするのが韓国人です。「こんな辛いことが私にはある」といいますと、相手は「私にはもっと辛いことがある」という具合に、お互いに自分の辛さを盛んにいいつのるのです。それぞれが内面に抱えている恨み・つらみを隠すことなく語り合うことによって、あっという間に二人は「熱い仲」と思われてくるのです。

こうした関係をいかに早くつくるのかが、韓国人の友だち関係にとって、なによりも大事なことなのです。

若い頃の私は、留学先の日本の大学で、隣の席に座った人と早く友だちになろうと思いました。仲良くしましょうね、といいますと、こちらこそよろしく、というので、ああ友だちになれるなと思うのですが、なかなか距離の縮まった関係を作ることができず、大いに悩みました。アルバイト先の会社でもそうでした。相手との距離をなくそうとしていけばいくほど、日本人は距離を置こうとしていくようなのです。

韓国では、友だちどうしならば、「あなたの物」と「私の物」の区別があってはいけません。たとえば、友だちの筆箱が机の上にあれば、鉛筆でもボールペンでも勝手に開けて使います。断ってから使うことも、使ってから「ありがとう」ということもありません。勝手に使い、勝手に相手の筆箱に戻すだけのことです。

ところが、日本人の友だちは、私が貸してあげると、必ず「ありがとう」というわけです。これが距離を置いているという感覚をもたらします。なんて水くさいのか、私と友だちになりたくないのだろうかと思って、さらに友だちのカバンの中も平気で開けて何でも使ったりしていきました。

こうしていけばいくほど、相手からはだんだん嫌な顔をされるようになりました。そのとき私は、「日本人は本当に差別的なんだ」と思いました。「日本人は自分の中には、決して入れようとはしない」という気持ちをずっともっていました。

日本人の友だちと腕を組もうとすると、必ず逃げられてしまいます。こちらから距離を縮めようとしても、すぐに距離を置こうとするのです。

アルバイト先の社員と仲良くなろうと思い、とても親切にしてくれる人がいたので、私は自分の悩みを語ろうと思いました。しかし、私がまだ半分も話していないのに、その人は、もういいというばかりに、「わかった、わかった」というのです。全部話したわけではないのに、「わかったとは何事か」と思いました。

なぜ「わかった」なんていうのかと聞きますと、「いわなくてもわかる」というので、

「そんなばかな」と当惑しました。

それほど仲が良いわけでもないのに、ということで、いきなり大きな悩みなどを執拗に話されるのを、日本人は嫌がるのですね。それがとても冷たく感じられてなりませんでした。こんな場合、多くの韓国人は、一〇〇パーセントといっても良いのですが、日本人との間には本当の友だち関係ができないと思い、とても悩むことになるのです。

あなたの物と私の物の区別をなくす韓国人

先にも少し触れましたが、韓国人は政治問題や国家を背負ったようなテーマでは、つまり公的には誰もが反日ですが、個人的・私的には日本人のことが好きな者が大部分なのです。多くの韓国人が日本人と仲良くなりたいという気持ちをもっています。

これは韓国へ留学生として行った日本人学生から聞いた話ですが、下宿の部屋に知り合いの韓国人学生たちがやって来ると、日本から持って行ったコーヒーを入れてあげるそうです。みんなから「美味しい」といわれるので、「いつでもきて飲んでいいよ」といったそうです。それである時、外出先から下宿に帰って来ると、まだあったはずのコーヒーが全部なくなってしまっていたといいます。

その日本人学生は、私にこの話をして、「あの人たちは、いったいなんていう人たちなんでしょう」というのです。そこで私が「でも、あなたは飲んでいいといったんでしょう?」といいますと、「それはあくまで社交辞令としていったんです」とのことです。

しかしこれは、韓国人にいわせれば、「その人がいない間に、部屋に入ってコーヒーを飲んであげた」ことなのです。そして、そういうことをされた方からすると、これはとても嬉しくなることなのです。私のことをそれだけ親しく思ってくれているのか、なんとありがたいことか、と感じるのです。

友だちの部屋の机の上に五〇円があれば、その五〇円を勝手に取ってジュースでも買って飲んであげる、というのもそれほど極端な話ではありません。「飲んであげる」ことによって、あなたは日本人だけれども、私は親しくしたいんだ、ということを表しているわけなのです。もちろん、大きなお金ならそうはしませんが。

あなたと友だちになった以上は、あなたの物、私の物の区別があってはいけない、ということです。そこから多くの場合、あなたが経済的に余裕があるならば、私にタダでくれるのが当たり前、お金を貸してくれるのも当たり前、返さないのも当たり前、というようになってしまいがちなのです。これは国と国の間の関係でもそうなのです。韓国は日本から多額の資金援助や技術援助を受けてきましたが、国家として日本に対して公式にお礼を申し述べたことはありません。

もっと極端な場合は、友だちの部屋に入って、友だちが使っているものを使うわけですが、歯ブラシすら使うことがあります。韓国人からすれば、それは使ってあげているのです。そこまでされて、すごく嬉しくならなければ、友だちとはいえません。下着や靴下を使ってあげることだってあります。これがわけへだてのない関係、こういう関係にならないと本当の関係ではないということです。

韓国では親しい間に礼儀はいらない

韓国人の対人関係では、いかに早く慣れ親しさを示せるかが、とても大切なことなのです。これができなければ、少々「危ない人間」と見なされることにもなりがちです。なれなれしくしていくのは、徐々にではなく、初対面からになります。ですから、ほとんどの韓国人は、日本に来て日本人と付き合おうとするとき、まずは早く相手との距離を縮めようとします。

日本人の大学の先生からいわれることがよくあるのですが、研究室に韓国の留学生が入ってくると、いつもハラハラするそうです。たとえば、机の上に置いてある本を、とくに断ることなく手に取り、ページをパラパラめくったりするというのです。さらには、机の上にある手紙すらも勝手に開けてしまうというのです。彼らは、意図的にそうしているのではなく、無意識のうちにそうしているのです。韓国では、親しくなりたいと思っているから、そうした行動が自然に出てくるものなのです。

日本では、仲が良い間にも礼儀が必要だといわれます。コーヒーやお茶を入れてあげたりすると、友だちの間でも「ありがとう」をいうし、夫婦の間でも「ありがとう」をいいます。韓国では、距離を置いている相手にこそ「ありがとう」をいわなくてはなりませんから、夫婦間で「ありがとう」が出るようになると、これは離婚の危機が迫っているのかもしれないのです。そうした家庭を見れば、少なくとも冷たい関係なのだと感じることになります。

「親しき仲にも礼儀あり」の日本と「親しき仲には礼儀なし」の韓国があるわけですが、日本では「礼儀なし」はよそよそしい感じを、韓国では親しい感じを与えるところがまったく正反対なのです。それでも、日本でも「礼儀なし」の方が返って親しさの現れとなることはあるでしょう。とくに若者どうしなどではそうです。ただ韓国人の場合は、ベタッと密着した「一心同体感覚」を求めるところまでいくので、やはり日本人とは大きく違うのです。

一つの蒲団に寝る姑と嫁

韓国人男性と結婚した日本女性たちに、当惑したことはないかなど、いろいろとインタビューをしたことがあります。そこで彼女たちが共通していうことは、あの密着的なベタベタ感覚だけはどうしても嫌でならない、ということでした。

　またある日本人の奥さんがいうには、夫婦だけで世帯を構えてアパートを借りたのに、お姑さんがアパートの部屋の鍵を持っていて、夫婦がいない間にいつでも入って何かをしていくのだそうです。冷蔵庫の中に自分で買ったおかずを入れたり、食器を洗ったりしてくれるのですね。この奥さんは、「反面は嬉しいけれども、余りにも干渉しすぎなので、とてもじゃないけど、放っておいて欲しいと思う」といっていました。

　また別の女性からは、こんなことをいわれました。近くにお姑さんの住む家があり、一週間に一度はそこへ行くそうです。夫婦で行くと、お姑さんからは必ずといってよいほど「今晩、ここに泊まっていきなさい」といわれます。それで、そうすることにすると、お姑さんは、「せっかく来たのだから、私の布団でいっしょに寝ましょう」というのだそうです。韓国では当然のことだからです。

　その日本女性の方は、姑と一つの布団でいっしょになんかとても寝たくはないのですが、姑の方は嫁を抱きしめるようにして仲良く寝たいのです。彼女がやんわりと断ったときには、姑は「あなたのことを娘だと思っているのに、なんて冷たい嫁だ」といわれたそうです。

韓国では通常、夫婦が別々の蒲団で寝ることはありません。ダブルサイズの蒲団に一緒に寝るのです。また、大きな布団の中に親子がいっしょに入って寝ます。日本に住むことになった韓国人は「日本はシングルの布団ばかりなので困ります」とよくいいます。

シングル蒲団しかない日本では、夫婦はどうやって寝るのかと聞いたことがあります。日本では夫婦でもシングルの布団で寝るそうですね。同じ部屋だけれども、シングルの布団を二つ並べて別々に寝るというのです。

なんて冷たい人たちなのか、と思っていました。日本では、さらに時間が経って行きますと、夫婦は別の部屋を使うようになることが多いそうです。何のための夫婦なんだろうかと、とても不思議でなりませんでした。

以前に、日本の「無印良品」の社長さんにインタビューする機会がありました。そのときに蒲団の話が出ました。社長さんは、「韓国ではシングルの布団もカバーもまったく売れない、大きな布団しか売れない、ベッドもシングルはまったく売れず、キングサイズかダブルでないと売れない」と言われていました。

援助される方が上という考え

韓国人が個人と個人の間に求める「一心同体感覚」は、集団と集団の間でも、さらには国家と国家や民族と民族の間にも関係してきます。

日本と韓国の間では、国家・地域・諸集団の間で、政治的・経済的・社会的にさまざまな友好関係が結ばれています。学校の間の姉妹校、地域の間の姉妹都市をはじめ、日韓友好をうたう政治家や経済団体の集まりなどがたくさんあります。

かなりぎくしゃくしているとはいえ、日韓は国家の間に友好関係を結んでいます。これはもちろん、個人間の友だち関係とは違うものですが、多くの韓国人はそこに自ずと「友だちならば……」という心理が働きます。

何しろ日本は経済大国なのだから、それよりも苦しい状態にある韓国に、おもいきり気前よくパイを分けてくれるのが当然だ、という気持ちが働いています。友だちならば、あなたの物、私の物の区別があってはいけない、という気持ちがあるからなのです。

北朝鮮もそっくり同じです。韓国と北朝鮮が今のように険悪な関係になる以前、韓国は北朝鮮に対して多額な資金や大量のコメを援助していました。韓国からすれば、「兄弟同然の仲なのだから当然のこと」というわけで、官民一体となり大々的な北朝鮮支援が展開されていました。

しかし北朝鮮にいわせれば、余り分を分けたくらいで偉そうにするな、自らを犠牲にしているわけではあるまいし。そういう感覚です。ですから、援助すればさらに援助を要求されます。延々と援助し続けていくことになります。かつての金大中（キムデジュン）・盧武鉉（ノムヒョン）政権は、完全にこの罠に陥り、実質的に北朝鮮に対して莫大な核開発資金を提供してしまったのでした。

日本の韓国支援でも、韓国には「日本は一肌も二肌も脱いで当たり前」といった気持ちがありますが、さらに、日本人には考えも及ばない意識がそこに働いているのです。それは、「他者が援助をしてくるのは、自分にそれだけの力があるからだ」というものです。

日本人ならば、援助を受けることは「自分の力の足りなさ」に通じています。こちらに力があるのに援助を受けようなどは、とても罪深いこと、みっともないことになります。しかし朝鮮半島や中国の場合は、「自分の国は他国が援助をするほど偉大な国なのだ」と考えたいのです。そこでは、援助する方が下で、援助される方が上だということになっているのです。

そうではあるのですが、自分が援助する立場であれば、当然ながら「援助する私が上」と考えているわけです。これはきわめてねじ曲がった考えなのですが、いずれにしても他者の下に立ちたくない、下に立っていることを認めたくない、という心理が強く働いているのです。

ですから、援助を受けながら「ありがたい」という気持ちを示そうとはしません。堂々と「もっと援助しなさい」というばかりの態度を示します。

なぜそんなことになるのでしょうか。韓国が強固な儒教的な価値観の浸み通った社会だからです。少しでも下に立ったら負け、上下関係がほとんど価値を決定する社会だからです。その点は中国人よりも韓国人の方が強烈です。狭い国ですから中国以上に儒教的な価値観が国内に徹底しているのです。

互いに距離を調整しあう日本人

どんどん距離を縮めていくと、極端にいえば、一体的な味方の関係か、どこまでも対立する敵対関係かの、二つに一つになってしまいます。韓国人や中国人がこれで、ベタベタな一体的関係を拒否すれば、一挙にひっくり返って猛然と相手を突っぱねることがよくあります。ようするに、そこでは「あなたは私の味方なのか敵なのか」が重要なことなのです。

他人と関係を結ぼうとする場合、韓国人ほど極端ではないにせよ、欧米人・中東人・中国人なども、最初からあたかも距離がないような、リラックスした態度からはじめようとします。すぐに握手をしたり、ハグをしたり、というように。

日本人の場合は逆に、まず一定の距離をとり合った、やや緊張した状態からはじまり、しだいに距離を縮めていってリラックスしていこうとします。この距離ある状態が比較的長く続くところに、日本人が他の外国人から「礼儀正しい」といわれる理由もあるように思います。また「かたい」とか「オープンでない」といわれるのも、同じ理由によっているでしょう。

この緊張状態からリラックス状態になっていくまでの間に、お互いに相手との距離を微妙に調整していくのです。このように、互いに距離を調整しあうことによって、うまく関係を保っていこうとするのが日本人です。

それでは、多くの外国人が、あたかも最初から距離がないようなムードをつくって人間関係に入ろうとするのに対して、日本人はなぜ大きく距離をとったところから入ろうとするのでしょうか。

それは、一見逆のように聞こえるかもしれませんが、日本の社会が他者に対する距離感をほとんど感じる必要のない社会としてできているからです。別ないい方をすれば、敵ではないという安心感が先立っているのです。だから、対人関係には一定の距離をもたせる形をとらなくてはならない。そうでなくてはもたれ合いともなり、責任ある社会関係を生み出すことができないと考えるのです。

逆に、欧米でもイスラム諸国でも、また中国でも韓国でも、家族外の他者はきわめて疎遠な、警戒すべき対象です。しかし現実社会では、そうした疎遠な対象と身近に関係を結んでいかなくてはなりません。そこには他者に対する警戒があり、緊張がありま す。この壁を一気に乗り越えなくては社会関係を結ぶことはできません。そうした壁は、徹底的な個人主義と家族主義（血縁主義）が生み出しているのです。

日本のように、個人主義も家族主義も強くない社会では、他者がとくに緊張を強いることはなく、したがって警戒すべき存在ともなりません。他者は本来、ごく身近な気楽に関係を結べる相手なのです。

だから日本人の友だちどうしの関係はゆるやかなもので、韓国人や中国人からすれば一見冷たく感じられてしまうのです。

欧米、中国、韓国などの社会では、いったん対立してしまったら、とことんまで対立を深めることにもなりますから、お互いにできるだけはやく距離をなくして緊張を解き、敵意のないことを見せあい、リラックスした形をとることが必要となります。

会ったとたんにいきなり握手したり抱きあったりするのは、できるだけ早く緊張をとるためです。またイスラム系の人々や中国人や韓国人が、同性どうしで手をつないだり肩を組んだりするのも、そうした心理が無意識に働いているからだと思います。

それに対して日本の社会では、最初から他者への安心がありますから、そのままでは相互依存の甘えた関係になりがちです。そこで、逆に距離をとり、一線を引き、緊張から入っていくやり方をとることになるのだと思います。

信じられるのは血のつながった家族だけ

朝鮮半島や中国の場合は、家族以外の他人は、基本的に信用できない人たちです。いつ裏切られるかわからない相手です。中国大陸では、長い間戦乱が日常茶飯事でもありました。朝鮮半島でも、北方民族から絶え間ない侵略を受け続けてきました。こうした長い間の歴史体験が、一つには「信じられるものは血のつながった家族だけ」の思いを深めさせてきたのです。

韓国人や中国人の多くは、家族同然、兄弟姉妹同前の関係でなくては、信頼関係を結ぶことが心理的にできません。すぐにでも身内的な手応えが欲しいので、気が合ったとなると、いきなり強く結びつこうとします。それで距離を一気に縮め、ベタベタとしていくわけです。これは、長い歴史のなかで育まれてきた他者との関係のもち方、その精神的な習性のようなものです。

韓国では今でも兄弟契約を結ぶことは珍しくありません。これは男でも女でも同じです。家族ならば、身内ならば、決して相手を裏切るようなことはしない、どこまでも自分の味方をしてくれる。他人との間にも、それに等しい心情的な確信が欲しいのです。と同時に、そこには、家族のモラルがそのまま社会道徳や国家道徳にまで延長されるという、儒教的な道徳観があるのです。

兄弟契約を結んだから安心できるかというと、そんなことはありません。いざとなれば簡単に約束を破ってしまうのはよくあることです。

かつての韓国で、軍人政権時代が終わりを迎え、いよいよ文民政権時代がはじまるというときに、金泳三（キムヨンサム）と金大中（キムデジュン）は「金泳三、金大中の順序で大統領になろう、そしてお互いに全面的に支援し合おう」と約束し、そのときに兄弟契約を結んでいます。それで金泳三が大統領選挙に立候補しますと、金大中は兄弟契約を一方的に破って、自分も大統領選挙に立候補したわけです。金泳三はこれに怒って、兄弟契約があったことを公開しています。

かりそめにも兄弟ということになれば、家族同然の間柄ですから、そこには上下関係がつけられます。国と国の間でもそうです。韓国ではしばしば、「中国は父、韓国は兄、日本は弟」といういい方がされます。偉大な文明を父から与えられた兄、その兄に文化を与えられた弟、そういう上下関係にあることを日本は自覚しなくてはならない、というわけです。

弟は兄に対して弟らしくしなくてはならない。そこまでしなければ家族同然の信頼関係とはいえない、ということです。ですから、そうした上下のあり方を重要視することなく、注意すら向けようとしない日本は、まったく理解できないことになるのです。

非血縁関係で農耕村落を形成してきたのは、世界広しといえども日本とヨーロッパだけのことです。

日本の農耕村落では、各家族が自分の田畑を耕して穀物を生産する「自助＝稼ぎ」が

「私」の領分でした。それに対して、共同体のメンバー総出で行なう灌漑工事とか、森林の共同管理とか、田植や屋根葺きなどを無償で手伝い合うとか、総じて里山の維持・管理にかかわるさまざまな「相互扶助＝おつとめ」が「公」の領分でした。

こうした村落共同体の生活では、私と公が切り離すことのできない一つのものとしてありました。この日本社会の伝統には、なにが世界にとって最も未来性のある理念であり、提言であり、実践なのかのヒントが、たくさん畳み込まれているはずです。世界の多くの人々がそこに気づきつつあるのが現在なのです。

今はもう、日本が世界の動向を見ながらみずからの動きを考えていけばよいような時代ではありません。日本が積極的に世界の動きを作り出していく時代です。世界の先へ先へと方針を打ち出していき、それにそった実際的な活動を日本が精力的に展開していくならば、世界は必ず動いていきます。日本は世界の未来に向けて何をなすべきなのか、日本にはそれが問われているように思います。

第5章　日本に世界の人々の関心が集まる本当の理由

欧米主導の世界が崩壊している時代

現在のように、日本に世界の人々の関心が集まるようになったのはなぜなのでしょうか。それは、欧米が主導した世界の終わりが、誰の目にも明らかな現実となって久しい、ということに深くかかわっていると思います。

かつては、欧米諸国の発展が新たな世界の可能性の先端を開いていき、非欧米諸国は欧米がたどってきたプロセスを後追いしていくことで、自分たちの社会をより豊かで高度なものにしていくことができる——と考えられていました。世界の多くの人々にそう信じられていた時代があったのです。その当時、欧米先進諸国(工業化社会)の発展が、アジア・アフリカ・ラテンアメリカ諸国など(資源供給地域)の利益を、ゆっくりとではあっても着実に引き上げていくように作用していたのは確かなことでした。

今からすれば夢のような話ですが、一九七〇年代初め頃までは、「欧米的だ」といえばそのまま「世界的だ」と同じことであり、「国際社会」といえばそのまま「欧米社会」

を意味していたといっても過言ではありません。こうした欧米中心の世界像は、きわめて強いリアリティをもっていたのです。

いうまでもなく、欧米諸国がお手本となり、欧米諸国が世界をリードし得た時代は、すでに遠い過去のものとなっています。欧米的な社会の延長上に望むべき世界像を描くことなど、誰にもできなくなっているのです。

もう一ついえるのは、情報化社会の進展を軸として、一九九〇年を前後する頃から、世界が大きく変貌した、ということです。これまでの欧米的な考え方では、現実の世界がとらえ難くなってきて、世界はこれから先どうなるのかという未来が、誰にも描けなくなってしまっています。

ということは、これまで私たちが多大な影響を受けてきた、西欧にはじまる近代以降の物事の考え方ではとらえ切れない部分を、現在の世界はたくさん生み出している、ということを意味しています。欧米的な思考・原理では、現在から近未来の世界を展望していくことができなくなっているのです。

いずれにしても、世界はこれ以上、欧米的な考え方ではやっていけなくなっています。それではどうしたらいいのか――その答えを求める世界的な精神の旅が、ほぼ半世紀前から現在に至るまで続いている。私はそう思っています。日本に世界の関心が集まるようになったのは、こうした現代世界のあり方と密接なかかわりがあると私は考えています。

多くの人々が欧米的な考え方に限界を感じはじめていくなかで、日本と出会いそこに新しい世界への可能性を感じる人々が増えていったのではないでしょうか。そのあたりのことを、以下ではいくつか具体的な例を通して考えてみたいと思います。

ジャパン・バッシングというスタンス

坂本九の「上を向いて歩こう」が「スキヤキ(SUKIYAKI)」というタイトルでアメリカで発売され、全米人気ランキング第一位に輝いたのが一九六三年のことです(ビルボード誌のウィークリーランキングで)。なぜスキヤキと名付けられたかには、いろいろな説があるようです。おそらく、当時の欧米では、いまだ日本といえばフジヤマ、ゲイシャに続いてスキヤキがイメージされるような時代だったのでしょう。

一九六八年に日本のＧＤＰが世界第二位となり、「経済大国日本」が世界の人々の関心を集めるようになりました。以後、日本・日本人を揶揄するエコノミックアニマル、ニッポン株式会社などの表現が大きくせり上がっていったと思います。

一九八〇年代に入りますと、経済面での「日本一人勝ち」の状況が生まれます。日米貿易不均衡を叫ぶアメリカを中心として、激しいジャパン・バッシングが展開されました。いわゆる「日米貿易戦争の勃発」です。

日本攻撃では、日本には「古い組織体質」が色濃く残っている、それが国の内外にわたって経済活動の自由を強く制限しており、自らに有利な状況を作り出して不当な利益を上げている、ということが盛んにいわれました。

こうした対日非難は一九九〇年代半ば位まで、あたかも当然なことであるかのように続きました。日本は国際感覚がまったく欠如している、自己の利益だけしか考えていない、これだけ説明してもわからない、これだけ圧力をかけても直らない、どこかおかしいのではないか、世界の常識からはずれた体質を強固にもっているとしかいいようがない……。

大部分が、「無知と傲慢で塗りたくられた日本叩き」といってよいものでした。その典型的な例を、次のフランス人ジャーナリストの発言に見ることができます。

「日本人は車座になるのが好きなようだ。いつも自分たちだけの大家族主義的な関係を維持しようとする。そこには、グローバルなコミュニケーションの意思がひとつも見られない。丸い輪に座り内側だけをみているのが日本人だ」(ジャン・クロード・クルディ「フランス人がニッポンを嫌いな本当の理由を教えます」『SAPIO』一九九五年五月二十四日号)

現在では、欧米人によるこれほど低次元からの悪口・日本非難は皆無といってよいでしょう。そのことだけでも、外国人の対日観がかつてとは大きく様変わりしていることは明らかでしょう。

欧米で課題となっている「共同体づくり」

興味深いことには、激しいジャパン・バッシングが起きていたと同時に、日本礼賛ともいえる「ジャパン・アズ・ナンバーワン」という言葉が流行語になってもいたのです。「ジャパン・アズ・ナンバーワン」は、アメリカの社会学者エズラ・ヴォーゲルが一九七九年に書いた著書のタイトルでした。この本では、戦後日本の高度経済成長の要因が詳しく分析され、日本的な経営が高く評価されています。

ヴォーゲルは、ジャパン・バッシングで日本が強く改革を求められた日本的な「古い組織体質」には、実は欧米が見習うべき利点が多々含まれていることを指摘しています。こうした観点はヴォーゲルに限ったものではなく、アメリカの経営学者ピーター・F・ドラッカーなど、少なくありませんでした。

ドラッカーは、以前から、日本の会社では、上から命令されたから働くとか、管理が厳しいから働くというよりは、現場の者たちが自主的に協力しあって働くようなシステムになっているところが大部分であることをよく知っていました。それに対して欧米では、賃金の魅力、昇進の魅力、管理の強制力によって人々を働かせるような企業が大部分だといっています（『新しい現実』ダイヤモンド社刊など）。

ドラッカーは一九九〇年代に書いた著書のなかで、「現在、世界が陥っている混沌から抜け出すには、我々は新たな共同体（コミュニティ）を必要としている」（『未来社会への変革』加納明弘訳／フォレスト出版）と述べ、二十一世紀の企業の課題は新たな共同体づくりにあると論じています。そしてこの本のなかで取り上げられている共同体のあり方やその内容の大部分が、これまた日本的な「古い組織体質」に相当するものなのです。

ドラッカーは、なぜ共同体づくりが課題なのかについて、多くのアメリカ人が「人と人との結びつき」に強く飢えていることを第一にあげています。初期のアメリカ人は、いわば素朴なヨーロッパ人、田舎者のヨーロッパ人という色彩が強く、それだけ共同体的な要素をもっていたといいます。ところが、営利を追求するビジネス社会を世界で最も高度に発展させてきたことから、その逆に世界で最も個人化、個別化が激しく進む社会になったというのです。

以前から日本への関心を深めていたドラッカーら欧米の知識人たちは、アメリカをはじめとする西洋社会の極端に進んだ個別化の世界を超えていこうとするとき、彼らなりに「よきシステム」のあり方を考えていって、日本の企業組織などとよく似た共同体に行き着いたということではないかと思います。

世界最先端の生産方式としてのカイゼン

国際化の波が日本に押し寄せてくるとともに、日本企業（主に製造業）の海外進出が急速に活発化していきます。日本最大の企業トヨタも一九八五年にアメリカとカナダへの単独工場の進出を決定しました。

この頃から世界語となっていった日本語が、カイゼン（改善）でした。

すでに日本製品の品質の高さは世界的によく知られていましたが、その秘密の一つにカイゼンがあること、そこにまず欧米諸国が着目するようになったのです。カイゼンという言葉が日本で盛んに使われるようになったのは一九六〇年代半ば頃からといわれますが、その当時はまだ「オートメーション」が世界最先端の「高効率」を意味する言葉だったのです。

カイゼンは、元々はトヨタの生産方式を土台とした生産性向上の方法であり、その目的は無駄の原因を限りなくゼロに近づけることにあるといわれます。

日本人は何かのプロジェクトで目標の八〇%を達成したとしますと、「八〇%しか達成できなかった」と反省を強くし、一〇〇%の達成へ向けて限りなく近づいていこうと努力を積み重ねていきます。それに対して韓国人や中国人は、「八〇%も達成できた」と満足してすますのが常です。

同じ東アジア人でも、日本人と韓国人・中国人にはこんな違いがあるという例の一つとして、私はしばしばこの話をするのですが、この問題は欧米人についてもほとんど同じようにいえるものです。

エンジニアで元日立カナダ製造担当副社長(一九八八〜一九九五年)、現在モントリオール在住の辻俊彦氏は著書のなかで次のように書いています。

「工場である製品を千個作って不良品が三個出たとする。日本人なら不良が三個もあるといって渋い顔をして、直ちに不良を減らす工夫をするための会議を開く。カナダ人なら九九七個もいいものが出来たといって、ウハウハ喜んでまずいっぱい飲みに出かけるだろう」(『カナダが教えてくれたニッポン』芸立出版)

この点が変わらなければ、カイゼンが真に身に付くことはないでしょう。辻氏は一九九五年以降、日立アメリカ・サンディエゴ工場のチーフ・エンジニアも務められました。辻氏はそれらの体験を通して次のように記しています。

「……カナダ人に限らず欧米人の物作りは、この種の製品なら不良品はこれ以下でなければいけないという目標を立てる。

最初はいろいろ不都合が起こって当然不良率は高い。問題点を次々につぶしていって不良率を達成するとひとまずそれで終わり。一方日本人は不良率が1%を達成すると次に0・1%を目指し、その次に0・01%に挑戦する。果てしなく続くのである」

（同前書）

この果てしのなさが、欧米人には驚きなのです。フランスの著名な人類学者レヴィ＝ストロースは、日本人の熱心な仕事ぶりに触れた驚きを、一九八八年に日本で行なった講演のなかで次のように語っています。

「外の人間が日本に来たとき、各々の人間が自分の仕事に打ち込んでいる姿、進んで仕事をしようとする気持ちをもっていること、これほど心を打つものはありません。自分の国の社会的風土、倫理的風土と比べ合わせますと、これこそ日本人のもっとも重要な美点なのだと思われるのであります」（「混合と独創の文化」／『中央公論』一九八八年五月号所収）

風土が違う、という指摘はその通りだと思います。

私は時に応じて、日本伝統の刀剣、茶陶器、漆器、家具などを作る職人、なかでも名工と名高い伝統技術の職人さんたちを訪ねて、いろいろとお話をうかがってきました。いずれもずばぬけて高度な技術を身に付けた方々なのですが、みなさん口を揃えて「一生が修業です」といういい方をされるのが驚きでした。

少なくとも人に師匠といわれるような人は、すでに修業の段階を終えているのではないか、それなのになぜそういういい方をするのか、不思議でなりませんでした。

さらに驚いたことは、誰でもとにかく真面目に修業を続けていけば、必ず一人前になれる、ということでした。また、師匠に教えてもらうのではなく「手のふりを盗むようにして」自分で覚える、そうやって「身体で覚える」ことで技術が習得されるのだといわれます。

しかも、そうして一人前になっても修業が終わったわけではなく、さらに死ぬまでが修業なのだといわれるのです。こうした技術習得のあり方は、近代的なプロフェッショナリズムとは大きく異なるものだと思います。

これとそっくり同じことを、物作りとは異なる、伝統技芸の家元や武道の宗主からもたびたび聞かされました。たとえば、日本の空手道四大流派の一つ、糸東流（しとうりゅう）の宗主、摩文仁賢栄（まぶにけんえい）氏です。もう亡くなられましたが、私がお会いした当時は元気潑剌の八十三歳でした。

武道の道を極めて行けば行くほど、攻められるかどうかの瞬間にたちまち反応が生じてくる。それがどこかで止まってしまうのは修業が足りないからだ。すべてにおいて卒業というものはない。空手の奥義には際限というものがない。どこまで行っても新しい発見が続く——。だから「一生が修業なのだ」と摩文仁氏はいわれていました（拙著『日本オリジナルの旅』日本教文社）。

カイゼンはまさしく、日本人の伝統に連なるものだといえましょう。

快適さを提供する日本製品の独自性

カイゼンとともに、カンバン（看板）やワ（和）も世界語となっていきましたが、諸外国が物作りで日本方式を採用していったのは、実利的な理由によるものです。試してみたら、実際に生産性の向上に大きな効果が得られた、だからこそ採用したのです。

しかし、ここで忘れてはならないのは、カイゼンはけっして生産効率の向上を目的として考え出されたものではない、ということです。そこに気づいている外国人はほとんどいないのではないかと思います。

カイゼンは、工場で働く人々が自ら、もっと働きやすい働き方はないものかと追求していく動きから起きていったものです。たとえば、現場から「自動車の下にもぐって作業をするよりも、自動車を目の高さよりも上に設置して作業する方が楽にできる、そうしてもらいたい」という提案を上にあげ、実際にやってみると、とても快適に仕事ができたので採用した、といったケースがしばしばあったそうです。その結果、作業効率があがり、品質向上、生産性向上に大きく役立った、ということなのです。

ここで重要なことの一つは、労働を管理する人からではなく、実際に現場で働いている人が自らよりよい働き方を提案し、これを管理する側が受けて実行していくという方式です。カイゼンが長らく外国人に注目されてこなかったことは、こうした方式をとっていこうとする発想が、日本以外の諸国ではいかに乏しかったのかを意味しています。

さらに重要なことは、合理主義や効率主義の考えではなく、身心が気持ちよく一つになっていくこと、具合がよくて快くなっていくこと、そうしたことへの強い希求が根本にある、ということです。つまり、「より快適な過ごし方を求める心」が、次から次へとカイゼンを重ねていく運動を支えているのです。ここのところは、いまだ外国人からしっかり理解されているとはいえないでしょう。

日本には、「より快適な過ごし方を求める心」から生み出されていった、外国には見られない製品が多数あります。たとえば、ウォシュレットなどの温水洗浄便座、ホッカイロなどの発熱体や蓄熱体を利用して身体を暖める携帯カイロなどがあります。こうした「快適製品」が日本から続々と発売されていきました。多くの外国人は「いったいどうしたらこんなすごい発想が出てくるのか」と驚くばかりです。

今のところ、これらの製品は、日本からしか生まれようのないものとなっています。「より快適な過ごし方を求める心」は、人間なら誰にもあるはずのものですが、なぜ外国からはそうした製品が生み出されてこなかったのでしょうか。欧米でいえば、生活は合理的・機能的に過ごせることが最も大きな価値とされてきたから、といってよいでしょう。

便利さも快適さの一つですが、快適さを求める意識のあり方は、合理的で機能的に便利であることを求める意識のあり方とは別のものです。安楽さへの願い、楽しさを求める心に通じています。

「人と人との結びつき」を求めて「共同体づくり」へ、「より快適な過ごし方」を求めてカイゼンへ、快適さ・楽しさを提供する商品作りへという流れが、世界的に巻き起こっています。そこで目指されているのは、人間と自然・人と人・心と身体の調和です。そうではなく、全体と個、主と客の分離を推し進めていって、限界に陥ってしまったのが近代以降の欧米的な知の世界です。

それに対して、全体と個、主と客を分離することなく現実そのものと向き合い、調和と融合をめざすのが日本に伝統的な知の世界です。この日本に伝統的な知の世界にこそ、未来への可能性があるということ、世界はそこに気づきはじめているのです。

芸術となっている漫画

現在の日本で日本の伝統文化とされているものの多くが、室町時代に日本独自のものとして発し、江戸時代に円熟した発展を遂げたものです。その代表的なものが、能楽、茶道、華道、俳句などでしょう。これらは、いうまでもなく上層階層が独占した文化ではなく、広く一般庶民までが愛し、楽しんだ文化でした。

江戸時代の日本社会は、どのような内戦も対外的な戦争もない生活を経験した、世界で唯一の社会です。これはそっくり戦後日本の社会についてもいえることです。戦後の日本人は、かつての江戸時代にそうだったように、これらの伝統文化を愛しつつ、新たな庶民文化を次々に生み出していきました。

一九世紀末のヨーロッパに、ジャポニスムと呼ばれる日本ブームが起き、日本の浮世絵が西欧の印象派絵画へ多大な影響を及ぼしたことを第一章で触れました。同じことが現在起きています。それが浮世絵の現代版ともいえる漫画です。

欧米諸国では、漫画はかなり前から現代芸術の一つとみなされています。

たとえば、二〇一六年の夏から、〈ルーヴル美術館特別展「ルーヴルNo.9～漫画、9番目の芸術～」〉と題する、パリのルーヴル美術館による漫画をテーマにした作品の展示が行なわれています。この特別展は、二〇一六年七月二十二日～二〇一七年九月三日の間、東京・大阪・福岡・名古屋と持ち回りで開催され、以後ルーヴル美術館に戻る予定になっています。

漫画は英語圏ではコミックスですが、フランスではバンドデシネとなります。ルーヴル美術館はこのバンドデシネ（漫画）を、建築、彫刻、絵画、音楽、詩（文学）、演劇、映画、メディア芸術に次ぐ第９の芸術と位置づけ、これまで数々のプロジェクトを展開してきています。展示作品全一六点のうち、日本人作家の作品が六点となっています。

この特別展の開催を伝えるテレビ報道で、ルーヴル美術館・文化制作局の担当者が、「ゴッホやゴーギャンが現在に生きていたら、必ず漫画を描いたでしょう」と語っていたのが印象的でした。

ルーヴル美術館が漫画を絵画と同じ芸術として捉え、自らの漫画文化プロジェクトの成果を「漫画大国日本」で公開したことは、新たな芸術の世界が開かれていくことを予感させます。

日本発のキャラクター文化

諸外国の人々が日本への関心を深めていくところでは、今のところ庶民文化が大きな位置を占めているといえます。漫画、アニメ、ゲームなどがその代表的なものといえるでしょう。

同じアニメ作品でも、アメリカのディズニー作品と日本のアニメ作品では大きな違いがあります。

ディズニー作品の中心は、世界各国のおとぎ話や名作小説をリメイクしたものです。もちろん日本にもそうした作品はあります。しかし、日本のアニメ作品の中心は日本の漫画を原作とするもので、オバQなど日本人が主人公で現代日本を舞台にしたものが多数です。また、いかに無国籍風・ファンタジー風に作られた作品でも、内容的には明らかにテーマは現代日本であり、自ずと日本人の世界観をすぐれて現したものになっていますす。そこがディズニー作品とは根本的に異なるところです。

「日本的なもの」が世界的な人気を得ているのです。

もう一つの特徴は、日本の作品では登場するキャラクター数がやたらに多く、次々に新たなキャラクターが作られていきます。ディズニー作品では、キャラクター数は少なく、最も多いとされる「ドナルドダック・ファミリー」でも五〇にも満たないそうです。

それに対して日本アニメに登場するキャラクター数は、「ポケット・モンスター」(ポケモン)で七〇〇超、「それいけ！　アンパンマン」となると二二〇〇に達するといわれます。

日本では一九七〇年代に、キティちゃんをはじめとするキャラクターブームが起こり、至るところにキャラクターグッズが溢れていきました。野球やサッカーのチームはいうまでもなく、今では各自治体が盛んに「ゆるキャラ」を作るようになっています。

この日本独特のキャラクター文化の背景には何があるのでしょうか。次のような風土的背景があるとの指摘があります(宮下真『キャラクタービジネス――知られざる戦略』青春出版社)。

1　仏像・偶像崇拝

2　根付（ねつけ）

3　御守り

4　妖怪伝説

5　七福神や招き

とてもよく理解できるものです。いずれも、日本特有の古くからの自然信仰と深くかかわっているものだと思います。無数のキャラクターが活躍する日本のキャラクター文化は、八百万（やおよろず）の神々が活躍する多神教の世界であるかのようです。

唯一神信仰の文化である欧米や中東では、多神崇拝・偶像崇拝を厳しく戒めます。そのため、欧米や中東の大人たちの多くが、日本のキャラクター文化には批判的でした。ところが子どもたちは決してそうではなかったのです。日本の漫画・アニメ・各種キャラクター文化を全面的に受け入れていきました。そして彼らが大人になった今では、日本発のキャラクター文化は世界的なものへと拡大していったのです。

ソフトアニミズムの世界性

日本のアニメなどに発する各種のキャラクターは、今ではサイバー・ペット（電子ペット）として、電子空間を自由に行き来し成長していく生き物のように、世界の多くの人々に愛されるまでになっています。「ポケット・モンスター」などに顕著に見られることだといえるでしょう。

一九九六年に発売された「たまごっち」という「電子画面のなかで育てて楽しむ」サイバー・ペットが、世界的な流行への兆しを見せたときがありました、私はその当時に、これは日本神道に特有のソフトアニミズムの成果であり、その世界的な普及はソフトアニミズムが世界性をもっていることの現れだと述べたことがあります（『日本が嫌いな日本人へ』ＰＨＰ研究所刊参照）。

「たまごっち」は日本で大ブームを巻き起こしたものの、世界的な普及はいま一つといったところでした。その当時、私が耳にした限りでは、韓国、香港、イタリア、中東諸国などでは、文化人や知識人たちが、このサイバー・ペットへの子どもたちの愛着ぶりに眉をひそめて、その「危険性」を訴えていました。彼らが一様に示した「危険性」は、生命のない疑似生命に対する生命的な愛着は、本来の生命に対する間違った意識を植えつけることになる、といったものでした。こうした不安からくる「たまごっち」への非難は、日本の大人たちの間ではほとんど聞かれることがなかったことをよく覚えています。

「たまごっち」発売から二〇年経過した今では、進化した新しい「たまごっち」が世界的に受け入れられるようになっています。

未開社会に特有なアニミズムの世界では、たとえば人形を作れば、それは人の魂を乗り移らせる呪術行為となります。こうした感覚があまり強ければ、いつまでたってもアニミズムの世界から抜け出ることはできません。しかし、その世界を完全否定するのではなく、ソフトに和らげた感覚をもって生かしながら文化をつくっていこうとするのが、日本に特有なソフトアニミズムです。

日本の伝統生け花が、完全な造形美術となることがないのも、神が降臨する樹木、あるいは魂が宿る植物という、アニミズム特有の、自然な生命への聖なる感性が無意識のなかで柔らかに生き続けているからに違いありません。

「たまごっち」や「ポケット・モンスター」の世界的な流行は、そうした人々の無意識が、人類すべてに内在し続けていることを示したものといえるのではないでしょうか。

日本の最深部に息づく精神世界の可能性

ソフトアニミズムの内容を形づくっているのは、自然を崇拝の対象にする自然信仰とは少々異なります。あらゆる自然物や自然現象には人間と同じ魂（アニマ）が宿っている、人間も動植物もみな対等な存在なんだ、仲間なんだという精神性です。あらゆる物に魂が宿ると信じるのがアニミズムですが、ソフトアニミズムは「同じ仲間なんだ」というところにいっそうの強調点が打たれる性格のものだと思います。

キリスト教や西洋文明は地球上に最も広く普及しましたが、それは人々の頭上に広がる理念的な普遍性があるからでしょう。それに対してソフトアニミズムは、人々の腹の底から広がる共通性をもっていると思います。日本の漫画・アニメ文化の世界的な普及は、この共通性によるものではないかと思うのです。

アメリカの大衆文化が世界的に普及したのは、旧慣にとらわれない自由な感覚が、それまでの古いモラルに縛られていた感覚を大きく解放してくれたからでしょう。日本の漫画・アニメ文化と同じ構造の精神性は、人間ならば幼児の時代に誰もがもっていたものです。お人形さんごっこも、おままごとも、男の子たちのロボットやミニカーなどのいろいろな遊びも、まさしくこの精神世界に包まれています。

他の諸国では、ソフトアニミズムは文化的な精神性としては消え去ってしまいましたが、精神の奥深くにはどんな人でもこれと同じ幼児時代の心が眠っているはずです。西欧近代の文化もアジア的な文化も、ともに枯渇状態になってしまったところで、日本発の文化が、世界の人々の心の内なるソフトアニミズムを強く刺激するようになっているのではないでしょうか。

「ソフトアニミズムの世界」は、先に述べましたカイゼンなどの背景にある「調和と融合をめざす日本に伝統的な知の世界」と一つのものです。この世界が、日本の最深部を形づくる「前農耕アジア的な世界」に発するものであることは、もはや十分ご理解いただけたと思います。

これからの諸国は、この日本の最深部に息づく精神世界にこそ、未来的な可能性が豊かにたゆたっていることに、だんだんと気づいていくだろうと思います。

なぜ「日本人がブランド価値」なのか
— 世界の人々が日本に憧れる本当の理由 —

初版発行 ——— 平成28年12月5日

著　者 ——— 呉 善花

発行者 ——— 白水春人
発行所 ——— 株式会社光明思想社
〒103-0004
東京都中央区東日本橋2-27-9　初音森ビル10F
TEL 03-5829-6581　Fax 03-5829-6582
郵便振替 00120-6-503028
装　幀 ——— 久保和正
本文組版 ——— メディア・コパン
印刷・製本 ——— 株式会社ダイトー

ISBN978-4-904414-51-4